Aspectos jurídicos em saúde

Central de Qualidade — FGV Management
ouvidoria@fgv.br

PUBLICAÇÕES
FGV Management

SÉRIE GESTÃO EM SAÚDE

Aspectos jurídicos em saúde

2ª edição

Aline Caraciki Morucci Machado

Elizabeth Teixeira Martins

Marcos Cesar de Souza Lima

Nayra Assad Pinto

FGV EDITORA IDE

Direitos desta edição reservados à
EDITORA FGV
Rua Jornalista Orlando Dantas, 37
22231-010 — Rio de Janeiro, RJ — Brasil
Tels.: 0800-021-7777 — 21-3799-4427
Fax: 21-3799-4430
E-mail: editora@fgv.br — pedidoseditora@fgv.br
www.fgv.br/editora

Impresso no Brasil/*Printed in Brazil*

1ª edição — 2010
2ª edição – 2016

Preparação de originais: Sandra Maciel Frank
Editoração eletrônica: FA Editoração Eletrônica
Revisão: Andréa Campos Bivar, Fatima Caroni e Marco Antonio Corrêa
Capa: aspecto:design
Ilustração de capa: aspecto:design

Machado, Aline Caraciki Morucci
Aspectos jurídicos em saúde saúde / Aline Caraciki Morucci Machado... [et al.]. — Rio de Janeiro : Editora FGV, 2016. 2. ed.
152 p. — (Gestão em saúde (FGV Management))

Em colaboração com Elizabeth Teixeira Martins, Marcos Cesar de Souza Lima, Nayra Assad Pinto.
Publicações FGV Management.
Inclui bibliografia.
ISBN: 978-85-225-1870-8

1. Saúde — Administração. 2. Direito à saúde. 3. Garantia ao consumidor. 4. Defesa do consumidor — Legislação. 5. Seguro-saúde. 6. Responsabilidade (Direito). I. Martins, Elizabeth Teixeira. II. Lima, Marcos Cesar de Souza. III. Pinto, Nayra Assad. IV. FGV Management. V. Fundação Getulio Vargas. VI. Título. VII. Série.

CDD — 362.1

Aos nossos alunos e aos nossos colegas docentes,
que nos levam a pensar e repensar as nossas práticas.

Sumário

Apresentação

Este livro compõe as Publicações FGV Management, programa de educação continuada da Fundação Getulio Vargas (FGV).

A FGV é uma instituição de direito privado, com mais de meio século de existência, gerando conhecimento por meio da pesquisa, transmitindo informações e formando habilidades por meio da educação, prestando assistência técnica às organizações e contribuindo para um Brasil sustentável e competitivo no cenário internacional.

A estrutura acadêmica da FGV é composta por nove escolas e institutos, a saber: Escola Brasileira de Administração Pública e de Empresas (Ebape), dirigida pelo professor Flavio Carvalho de Vasconcelos; Escola de Administração de Empresas de São Paulo (Eaesp), dirigida pelo professor Luiz Artur Ledur Brito; Escola de Pós-Graduação em Economia (EPGE), dirigida pelo professor Rubens Penha Cysne; Centro de Pesquisa e Documentação de História Contemporânea do Brasil (Cpdoc), dirigido pelo professor Celso Castro; Escola de Direito de São Paulo (Direito GV), dirigida pelo professor Oscar Vilhena Vieira; Escola de Direito do Rio de Janeiro (Direito Rio), dirigida pelo professor Joaquim

Falcão; Escola de Economia de São Paulo (Eesp), dirigida pelo professor Yoshiaki Nakano; Instituto Brasileiro de Economia (Ibre), dirigido pelo professor Luiz Guilherme Schymura de Oliveira; e Escola de Matemática Aplicada (Emap), dirigida pela professora Maria Izabel Tavares Gramacho. São diversas unidades com a marca FGV, trabalhando com a mesma filosofia: gerar e disseminar o conhecimento pelo país.

Dentro de suas áreas específicas de conhecimento, cada escola é responsável pela criação e elaboração dos cursos oferecidos pelo Instituto de Desenvolvimento Educacional (IDE), criado em 2003, com o objetivo de coordenar e gerenciar uma rede de distribuição única para os produtos e serviços educacionais produzidos pela FGV, por meio de suas escolas. Dirigido pelo professor Rubens Mario Alberto Wachholz, o IDE conta com a Direção de Programas e Processos Acadêmicos (PPA), pelo professor Gerson Lachtermacher, com a Direção da Rede Management pelo professor Silvio Roberto Badenes de Gouvea, com a Direção dos Cursos Corporativos pelo professor Luiz Ernesto Migliora, com a Direção dos Núcleos MGM Brasília, Rio de Janeiro e São Paulo pelo professor Paulo Mattos de Lemos, com a Direção das Soluções Educacionais pela professora Mary Kimiko Magalhães Guimarães Murashima. O IDE engloba o programa FGV Management e sua rede conveniada, distribuída em todo o país e, por meio de seus programas, desenvolve soluções em educação presencial e a distância e em treinamento corporativo customizado, prestando apoio efetivo à rede FGV, de acordo com os padrões de excelência da instituição.

Este livro representa mais um esforço da FGV em socializar seu aprendizado e suas conquistas. Ele é escrito por professores do FGV Management, profissionais de reconhecida competência acadêmica e prática, o que torna possível atender às demandas do mercado, tendo como suporte sólida fundamentação teórica.

A FGV espera, com mais essa iniciativa, oferecer a estudantes, gestores, técnicos e a todos aqueles que têm internalizado o conceito de educação continuada, tão relevante na era do conhecimento na qual se vive, insumos que, agregados às suas práticas, possam contribuir para sua especialização, atualização e aperfeiçoamento.

Rubens Mario Alberto Wachholz
Diretor do Instituto de Desenvolvimento Educacional

Sylvia Constant Vergara
Coordenadora das Publicações FGV Management

Introdução

Nos tempos atuais, em todas as partes do mundo, é cada vez maior a atuação do direito em todas as áreas: nos relacionamentos pessoais, profissionais, comerciais e familiares.

Na sociedade brasileira vimos, nas últimas décadas, a ascensão da participação do Judiciário em todos os segmentos, garantindo os princípios constitucionais de nossa Carta Magna e permitindo acesso à Justiça por todas as camadas da população.

No segmento da saúde não tem sido diferente. Aumenta a cada dia a relevância dos aspectos jurídicos na gestão das organizações de saúde e no dia a dia de seus profissionais, na medida em que problemas de ordem jurídica podem acarretar aumento dos custos relacionados a indenizações.

Este livro, prezado leitor, tratará dos pontos mais relevantes relacionados a essa inserção jurídica na gestão de saúde, visando trazer-lhe contribuições efetivas para a sua prática como gestor nas organizações de saúde. Buscaremos identificar quais as atividades rotineiras que podem levar a um problema judicial contra a organização, seja na área contratual, na de responsabilização civil ou, ainda, na área trabalhista.

No primeiro capítulo veremos como os princípios constitucionais foram a origem de uma visão bastante favorável ao indivíduo no sentido da garantia de cuidados com a saúde. Ainda no mesmo capítulo serão expostos os principais aspectos da regulação no setor de saúde e suas consequências para todos os atores deste segmento.

No segundo capítulo serão abordados os aspectos da relação de consumo que se estabeleceu para a área da saúde e suas consequências nas relações entre operadoras e planos de saúde, prestadores de serviço, pacientes e familiares.

No terceiro capítulo será analisada, com as noções da teoria da responsabilização, a responsabilidade civil, sua classificação, seus excludentes e outros conceitos relacionados ao tema, como culpa, risco e natureza das obrigações. Também serão discutidas as razões da crescente judicialização da saúde e por que tem sido cada vez maior o número de demandas no Brasil envolvendo profissionais, fornecedores de serviços (hospitais e clínicas) e pagadores de serviços (seguradoras e planos de saúde), com algumas sugestões para que essas demandas sejam minimizadas.

No quarto e último capítulo veremos as implicações jurídicas das relações de trabalho, uma vez que o segmento da saúde se utiliza com frequência da prestação de serviços por meio de cooperativas e de empresas terceirizadas.

O texto a seguir traz, portanto, os principais aspectos jurídicos na área da saúde, para sistematizar os pontos mais relevantes para o gestor, ressalvando que se trata de um tema em que os debates são comuns e bastante longos, devido às várias controvérsias existentes.

1

A saúde na Constituição

A promulgação da Constituição da República Federativa do Brasil de 1988 (CRFB/1988) trouxe grandes mudanças referentes aos direitos do cidadão. Não é por outra razão que nossa atual Constituição Federal é referida como a "Constituição cidadã". Essas mudanças tiveram um grande impacto sobre a forma como era tratada a saúde da população como um todo e trouxeram melhorias para os indivíduos, pois a saúde transformou-se num direito fundamental do cidadão.

Neste capítulo trataremos da saúde na CRFB/1988 e dos reflexos de sua elevação de princípio fundamental a garantia fundamental do cidadão, seus efeitos práticos nas esferas pública e privada e os principais conceitos surgidos com a regulação da saúde suplementar, com a criação da Lei dos Planos de Saúde e algumas controvérsias que envolvem o tema.

O conceito de saúde

Segundo a Organização Mundial da Saúde (OMS), saúde é um estado de completo bem-estar físico, mental e social e não apenas a ausência de doenças.[1] Esta definição leva em conta que o homem é um ser que se distingue não somente por suas atividades físicas, mas também por seus atributos mentais, espirituais e morais, e por sua adaptação ao meio em que vive.

O preâmbulo da Constituição da Organização Mundial da Saúde sinaliza que "gozar do melhor estado de saúde que é possível atingir constitui um dos direitos fundamentais de todo o ser humano, sem distinção de raça, de religião, de credo político, de condição econômica ou social".[2]

Em consonância com os preceitos internacionais relativos à saúde, a CRFB/1988 definiu o direito à saúde como princípio-garantia de todos os cidadãos, sem qualquer distinção, como veremos a seguir.

A saúde na Constituição da República Federativa do Brasil (1988)

Antes da CRFB/1988, nenhuma outra Constituição brasileira se havia referido expressamente à saúde como parte integrante do interesse público e como princípio-garantia em benefício do indivíduo, pois nas constituições anteriores a assistência à saúde era assegurada ao indivíduo exclusivamente na condição de trabalhador.

Em nossa moderna Carta Magna, o direito à saúde aparece como o segundo dos direitos sociais, logo após a educação, conforme disposto no art. 6º, capítulo II, reservado aos direitos sociais: "são direitos sociais a educação, a saúde, o trabalho, a moradia, o lazer, a segurança, a previdência social, a proteção à maternidade e à infância, a assistência aos desamparados, na forma desta Constituição".

---

[1] Cf. <www.unifran.br/mestrado/promocaoSaude/docs/ConstituicaodaWHO1946.pdf>. Acesso em: 8 out. 2008.

[2] Cf. <www.fd.uc.pt/CI/CEE/OI/OMS/OMS.htm>. Acesso em: 8 out. 2008.

Maria Stella Gregori mostra que a CRFB/1988 foi um marco para a consagração da democracia em seu sentido mais amplo, garantindo, assim, a observância dos direitos individuais e sociais entre tantos outros:

> A Constituição Federal, de 1988, seguindo os passos da Declaração Universal dos Direitos Humanos, situa-se como marco jurídico da institucionalização da democracia e dos direitos humanos no Brasil, consagrando, também, as garantias e direitos fundamentais e a proteção de setores vulneráveis da sociedade brasileira, ao asseverar os valores da dignidade da pessoa humana como imperativo de justiça social.
>
> (Gregori, 2007:20)

O direito à saúde rege-se pelo princípio da universalidade e igualdade de acesso às ações e serviços de saúde, sendo erigido ao status de direito e garantia fundamental, norma de eficácia plena, conforme previsão contida no art. 196.[3]

A partir do momento em que a saúde foi inserida no rol dos direitos sociais, o legislador originário se preocupou em criar mecanismos para efetivação. Assim, como veremos a seguir, no âmbito das ações estatais foi implementado o Sistema Único de Saúde (SUS) como forma de garantir a todos os cidadãos o acesso a um serviço de saúde gratuito, universal e igualitário.

Da ação estatal direta

Com a CRFB/1988 houve a criação do Sistema Único de Saúde (SUS), que corresponde a uma complexa rede regionali-

[3] Art. 196 da CRFB/1988: "A saúde é direito de todos e dever do Estado, garantido mediante políticas sociais e econômicas que visem à redução do risco de doença e de outros agravos e ao acesso universal e igualitário às ações e serviços para sua promoção, proteção e recuperação".

zada, hierarquizada e única de prestação de serviços de saúde de natureza pública destinados aos cidadãos (arts. 198 e 200 da CRFB/1988). As leis nºs 8.080/1990 e 8.142/1990 disciplinam e estruturam o SUS.

A Lei nº 8.080/1990 dispõe, em seu art. 3º, que

> a saúde tem como fatores determinantes e condicionantes, entre outros, a alimentação, a moradia e o saneamento básico, o meio ambiente, o trabalho, a renda, a educação, o transporte, o lazer e o acesso aos bens e serviços essenciais; os níveis de saúde da população expressam a organização social e econômica do País.

E complementa, no parágrafo único do mesmo artigo: "Dizem respeito à saúde às ações que, por força do disposto no artigo anterior, se destinam a garantir às pessoas e à coletividade condições de bem-estar físico, mental e social".[4]

Sobre a justificativa para a criação do SUS, bem destaca Cury (2005:94-95):

> As reformas setoriais dos anos 80 do século XX, visando acesso universal, integralidade de atenção, ênfase em ações de promoção e proteção da saúde, descentralização e participação social, adquiriram expressão legal e institucional com a CRFB/1988 e com a integração dos serviços de saúde pública através do SUS. Resultante do debate e das reivindicações sobre a democratização da saúde, o SUS certamente representou, no âmbito das políticas sociais, senão a mais vigorosa, pelo menos, uma importante iniciativa de dotar o Estado de capacidade jurídico-legal para mediar um processo redistributivo. Pretendia-se que o SUS superasse uma das principais características do sistema

[4] Disponível em: <www.planalto.gov.br/ccivil_03/Leis/L8080.htm>. Acesso em: 2 out. 2008.

de saúde brasileiro: a fragmentação institucional e programática das instituições públicas — expressas na dicotomia entre a medicina previdenciária e as políticas preventivas do Ministério da Saúde.

Nesse sentido, o Sistema Único de Saúde, ao menos em sua concepção, está em consonância com os principais direitos fundamentais do ser humano ao proteger o direito à vida.

Todavia, apesar de a Constituição da República estabelecer, em seu art. 196, que "a saúde é direito de todos e dever do Estado", é inegável a inexistência de recursos suficientes ou de adequada gestão dos recursos públicos de forma a viabilizar a execução das políticas públicas de saúde.

Apesar de ainda existirem serviços públicos que sobrevivem com um ótimo ou bom nível de excelência, a verdade é que poucos são os que se mantêm com razoáveis níveis de qualidade de atenção à população. Talvez nenhum tenha possibilidade de oferecer atendimento universal, como preconizado.

O que se vê com bastante frequência é uma desaceleração na prestação dos serviços públicos e uma transferência, aos particulares, da prestação desses serviços. O interessado não encontra outra alternativa senão recorrer à prestação de serviços privada.

Diante da impossibilidade de o SUS cumprir o papel para o qual foi criado, ou seja, atender a todos na promoção e prevenção da saúde de forma integral e igualitária, não restou outra alternativa à população senão partir para a contratação de planos privados de assistência à saúde. Nesse sentido, a ineficácia de atendimento em larga escala pelo poder público contribuiu para outras formas de prestação de serviços de saúde, tanto em parcerias como em convênios, ou, ainda, nos serviços prestados exclusivamente pelo particular, por meio da iniciativa privada.

Da ação mista: parcerias público-privadas e convênios

O art. 199 da CRFB/1988 preconizou o sistema misto de prestação de serviços de saúde, ao assegurar que a assistência à saúde é livre à iniciativa privada. A Carta Magna também incentivou as instituições privadas, principalmente as de caráter filantrópico ou sem fins lucrativos a participarem, de forma complementar, do Sistema Único de Saúde, mediante contrato de direito público ou convênio, na forma prevista no §1º do artigo citado.

Martins (2008:56), ao lecionar sobre a modalidade de prestação de serviço na hipótese do art.199 da Constituição Federal, entende que se trata de serviço de relevância pública, não de serviço público propriamente dito. Isso porque está caracterizado como atividade de comercialização de serviços mediante contraprestações pecuniárias, sendo suprimido o caráter de gratuidade presente quando prestado pelo poder público, devendo ainda ser observado que a declaração de direitos e deveres dos usuários é formalizada por meio de contrato subordinado às regras de direito privado.

Da análise do §1º (art. 199 da CRFB/1988) abre-se, portanto, a possibilidade da participação da iniciativa privada dc forma complementar ao SUS, onde esta parceria deverá ser realizada por meio de contrato de direito público ou convênio, dando-se preferência às entidades filantrópicas e sem fins lucrativos.

Sobre a participação complementar das instituições privadas na prestação de assistência à saúde transcrevemos as seguintes diferenças entre os contratos de direito público (administrativo) e os convênios:

> Contrato de direito público e convênio são ambos ajustes de vontades, distinguindo-se pela natureza dos interesses de ambas as partes. Ambos são vinculados e regidos pelo direito público. No contrato, os interesses são de regra antagônicos

ou contraditórios; no convênio, os interesses são comuns ou convergentes. É evidente que a Constituição da República, na norma referida, pretendeu distinguir dois modos de prestação de serviços de saúde por particulares. No primeiro, mediante a referência ao instrumento do contrato de direito público, admite a terceirização, vale dizer, a contratação de particular-empresário, com vistas ao desempenho de atividades-meio na área de saúde financiada pelo Estado ou de atividades específicas. Esta prestação de serviço, é certo, revestida de caráter empresarial e lucrativo, exige prévia licitação ou sua dispensa fundamentada. No segundo modo, mediante a referência ao instrumento do convênio, admite a lei maior a colaboração de entidades sem fins lucrativos, com interesses coincidentes com administração pública, não sendo cogitada remuneração pela gerência do serviço nem reciprocidade de obrigações. Por essas razões, a celebração de convênio ordinariamente dispensa a licitação.

(Martins, 2008:57)

O art. 197 da CRFB/1988 dispõe que

são de relevância pública as ações e serviços de saúde, cabendo ao Poder Público dispor, nos termos da lei, sobre sua regulamentação, fiscalização e controle, devendo sua execução ser feita diretamente ou por terceiros e, também, por pessoa física ou jurídica, de direito privado.

Esse dispositivo norteou a regulação estatal dos serviços privados, como veio a acontecer mais tarde, com a publicação da Lei nº 9.656/1998 e com a criação da Agência Nacional de Saúde Suplementar (Lei nº 9.961/2000), esta para reger as ações privadas em saúde, disponibilizadas pelo particular aos beneficiários, mediante livre adesão.

Assim, podemos afirmar que no Brasil vigora um sistema misto de prestação de serviços na saúde, composto por políticas e ações públicas em todas as esferas de governo (federal, estadual e municipal) e, ainda, por serviços prestados por particulares na saúde suplementar — em sua maioria regulados pela Agência Nacional de Saúde Suplementar, como veremos no próximo capítulo. Ainda que de forma precária em relação ao preconizado no extenso art. 198 da CRFB/1988, o setor suplementar é caracterizado pela prestação de serviços em parceria com o particular, pela celebração de convênios e tem a sua atividade normatizada pela Lei nº 9.656/1998 e pela atuação da Agência Nacional de Saúde Suplementar.

Os serviços de atendimento à saúde poderão, portanto, ser prestados tanto pelo setor público como pelo setor privado, podendo o acesso a eles ser entendido como direito de todo cidadão e obrigação do Estado, como será visto a seguir.

A saúde como direito do cidadão e dever da coletividade e do Estado

Em sua obra, Irion (1999:14-5) aborda, de forma bastante objetiva, direitos e deveres individuais e coletivos, envolvendo a saúde. Salienta questões relativas:

- *à saúde como direito individual*: a saúde, juntamente com a liberdade e o trabalho, consta como direito inalienável do indivíduo, em decorrência do direito à vida, estando prevista na Declaração dos Direitos Humanos e em nossa Constituição Federal de 1988 no capítulo voltado à seguridade social, em seu art. 196: "a saúde é um direito de todos e dever do Estado". Nesse sentido, cabe ao Estado prover o acesso aos meios de sua preservação;
- *à saúde como dever individual*: afirma Irion (1999) que

> quando se declara que a saúde é um direito do cidadão e dever do Estado, as pessoas são transformadas em entes passivos, titulares

de direitos, sem a contrapartida dos deveres, e se afastam do problema. É preciso também se dizer que a saúde é um dever das pessoas, porque se ela age como irresponsável em relação a sua saúde a irresponsabilidade com a saúde pessoal tem consequência nos custos impostos às políticas coletivas de saúde.

Compartilhamos desse entendimento, no sentido de que o cidadão não deve agir de forma irresponsável no tocante à manutenção de sua saúde, ao mesmo tempo que deve responsabilizar-se pela sua manutenção;

- *à saúde como direito coletivo*: nessa categoria, estão elencados o direito da coletividade de cobrar dos governos e de outras populações as ações concernentes à prevenção e ao controle das epidemias, das endemias e da saúde pública, bem como a abstenção de práticas danosas à saúde, como envio de lixo atômico, instalações de fábricas poluidoras, destruição do meio ambiente comum etc.;
- *à saúde como dever coletivo*: entendemos que a consecução dos direitos aqui mencionados traduzem igualmente um dever da coletividade, cabendo à sociedade abster-se de práticas irresponsáveis ou lesivas à saúde e organizar-se de forma a contribuir para a saúde de todos. Tais deveres estão previstos no §2º do art. 2º da Lei nº 8.080/1990 que dispõe, entre outros tópicos, sobre a organização e o funcionamento dos serviços de promoção, proteção e recuperação à saúde e estabelece que "o dever do Estado [relativo à saúde] não exclui o das pessoas, da família, das empresas e da sociedade". A Lei nº 9.656/1998 veio explicitar os deveres das empresas atuantes nos serviços de assistência à saúde.

Às ponderações aqui apresentadas, acrescentamos:

- *a saúde como dever do Estado:* além da previsão constitucional instituída pelo art. 196 da CRFB/1988, o art. 2º da Lei nº 8.080/1990 dispõe que "a saúde é um direito fundamental do ser humano, devendo o Estado prover as condições indispensáveis ao seu pleno exercício". E continua, em seu §1º:

> o dever do Estado de garantir a saúde consiste na formulação e execução de políticas econômicas e sociais que visem à redução de riscos de doenças e de outros agravos e no estabelecimento de condições que assegurem acesso universal e igualitário às ações e aos serviços para sua promoção, proteção e recuperação.

Podemos dividir a atuação do Estado no cumprimento deste dever em duas atuações distintas:

- *na saúde pública*: onde o Estado coloca diretamente à disposição dos cidadãos os mecanismos de recuperação da saúde, fornecendo os serviços necessários, atualmente por meio do Sistema Único de Saúde. É de notória constatação que esses serviços públicos, de maneira geral, passaram a contar com o desprestígio estatal a partir do final da década de 1970, tendo atingido, em alguns lugares, níveis caóticos de abandono, não obstante a sua imprescindibilidade. Também age diretamente o Estado ao promover as campanhas de prevenção a doenças e os controles epidemiológicos, sendo ele em muitos casos o único responsável por tais atuações, sem falar nas atividades de fiscalização e vigilância sanitária, que lhe são próprias;
- *na saúde suplementar ou privada*: muitos dos serviços de assistência à saúde que eram prestados pelo Estado vêm sendo "transferidos" para a iniciativa privada, ou seja, para as organizações prestadoras ou oferecedoras desses serviços, que os disponibilizam aos seus usuários mediante uma contraprestação ou pagamento de prêmio. Sem dúvida, o crescimento da saúde privada deveu-se à insatisfatória atuação do Estado na prestação desses serviços à população e à sua crescente

desvinculação dessas prestações diretas e concentração nas políticas de acesso a esses serviços. Em outras palavras, há um decréscimo nas atividades de prestações de serviços públicos de saúde e aumento na prestação privada desses serviços, cabendo ao Estado o dever de fiscalizá-los.

Diante da ineficiente ou, muitas das vezes, inexistente prestação de serviços de saúde pelo Estado, constatamos o crescimento constante do setor privado na exploração dos serviços de assistência à saúde, por meio dos planos e seguros de saúde.

Regulação dos planos e seguros privados de saúde: contexto histórico

Diante do exposto até este momento, percebe-se a intenção do legislador constituinte de permitir a exploração dos serviços de saúde tanto pela iniciativa pública como pela privada. Dando seguimento a essa tendência, em 1998 foi criada a Lei nº 9.656, que dispõe sobre os planos de assistência à saúde, servindo de base para toda regulamentação desse novo setor.

Vários projetos legislativos tramitaram no Congresso Nacional relativamente à questão da saúde suplementar ou privada. Foi somente com o advento da Lei nº 9.656, de 3 de junho de 1998 (*DOU* de 4 junho de 1998), e alterada substancialmente pela Medida Provisória nº 1.665, de 4 de junho de 1998 (*DOU* de 5 de junho do mesmo ano), que foram instituídas as normas objetivas relativas às atividades de planos ou seguros privados de assistência à saúde.

Originariamente a Lei nº 9.656/1998 submeteu às suas disposições "todas as pessoas jurídicas de direito privado que operam planos ou seguros privados de assistência à saúde, sem prejuízo do cumprimento da legislação específica que rege a sua atividade" (art. 1º).

Nesse sentido, estavam abrangidos por esta lei três agrupamentos de atividades de prestações de serviços de assistência à saúde: operadoras de planos privados, de seguros privados e de autogestão. Vejamos:

- operadoras de planos privados de assistência à saúde — é assim considerada toda e qualquer pessoa jurídica de direito privado, independentemente da forma jurídica de sua constituição, que ofereça tais planos, mediante contraprestações pecuniárias, com atendimento em serviços próprios ou de terceiros (inclusive cooperativas), como se depreende do art. 1º, inciso I e §1º, da Lei nº 9.656/1998;
- operadoras de seguros privados de assistência à saúde — assim consideradas as pessoas jurídicas constituídas e reguladas em conformidade com a legislação específica para a atividade de comercialização de seguros e que garantam a cobertura de riscos de assistência à saúde, mediante livre escolha (pelo segurado) do prestador do respectivo serviço e reembolso de despesas, exclusivamente (art. 1º, inciso II e §1º, da Lei nº 9.656/1998);
- empresas ou entidades que mantêm sistemas de assistência à saúde pela modalidade de autogestão (art. 1º, §2º, da Lei nº 9.656/1998).

No primeiro grupo, dos planos privados de saúde, estão incluídas as organizações que têm a obrigação de prestar os serviços de assistência à saúde aos seus usuários, quer por meio de serviços próprios, de rede médico-hospitalar e serviços de diagnóstico e terapia próprios, quer de forma indireta, por meio dos serviços de terceiros, credenciados, contratados ou referenciados.

No segundo grupo estão as seguradoras que, consoante com o Decreto-Lei nº 73/1966 — o qual dispõe sobre o seguro-saúde no Brasil —, têm a obrigação de indenizar, isto é, de repor financeiramente o patrimônio do segurado, de acordo com o risco financeiro assumido no tocante à saúde e aos eventos ou sinistros ocorridos. As seguradoras assumem exclusivamente os riscos financeiros da assistência à saúde, mediante contratação de seguro-saúde pelo segurado. Pelo Decreto-Lei nº 73/1966, o seguro-saúde é considerado uma operação financeira.

No terceiro grupo, assim considerados os sistemas de autogestão para a aplicação das disposições da Lei nº 9.656/1998, estão aqueles sistemas de assistência à saúde destinados, exclusivamente, a empregados ativos, aposentados, pensionistas e ex-empregados, bem como seus respectivos grupos familiares ou, ainda, a participantes e dependentes de associações, sindicatos ou entidades de classes profissionais, como veio a definir, posteriormente, a Resolução de Diretoria Colegiada (RDC) nº 39/ANS.

No primeiro momento, tanto as atividades de planos quanto as de seguros de saúde seriam fiscalizadas pela Superintendência de Seguros Privados (Susep), e os seus produtos — no caso, os contratos — seriam submetidos às normatizações e fiscalizações de um órgão criado especialmente para esta finalidade: o Conselho Nacional de Saúde Suplementar (Consu), órgão consultivo e deliberativo composto pela Câmara de Saúde Suplementar e vinculado ao Ministério da Saúde.

Com a edição da Medida Provisória nº 1.908-18, em 24 de setembro de 1999, a redação do art. 1º da Lei nº 9.656/1998 foi alterada substancialmente para incluir expressamente as operadoras de planos de saúde, ainda que cooperativas e empresas de autogestão, e "excluir" as seguradoras, quando estas praticarem atividade meramente de cobertura de risco financeiro quanto à assistência à saúde. Quando as seguradoras, além da cobertura financeira incluírem certos procedimentos até então próprios de operadoras de planos de saúde — tais como oferecimento de rede credenciada ou referenciada de serviços, mecanismos de moderação ou controle na utilização desses serviços de saúde, restrições contratuais, técnicas ou operacionais à assistência à saúde e/ou vinculação de cobertura financeira à aplicação de conceitos ou critérios médico-assistenciais — aí sim, estas seguradoras estarão sujeitas às disposições da Lei nº 9.656/1998.

Pelo Decreto-Lei nº 73, de 21 de novembro de 1966, as atividades de seguro privado no Brasil estão sujeitas ao controle e à fiscalização do Conselho Nacional de Seguros Privados, órgão colegiado vinculado ao Ministério da Fazenda. Assim sendo, as empresas seguradoras, quaisquer que fossem as modalidades de seguro, estariam sujeitas às deliberações daquele órgão.

As operadoras de planos de saúde não são seguradoras, pois não operam com cobertura de risco financeiro, e sim oferecem contraprestações de serviços assistenciais à saúde por meio de serviços próprios ou conveniados. Sendo meras prestadoras de serviços não lhes cabem as mesmas disposições impostas às empresas seguradoras, ou seja, às empresas realizadoras de operações financeiras por meio das contratações de seguro-saúde.

Caso o órgão controlador e fiscalizador das atividades aqui mencionadas — atividades das operadoras de plano de saúde e seguradoras — fosse o mesmo, haveria uma tendência de ambas as situações serem tratadas da mesma forma. Como havia uma forte propensão, entretanto, a que o assunto — saúde suplementar — fosse conduzido pelo Ministério da Saúde, pelo menos no tocante às operadoras, após a Medida Provisória nº 1.908-18/1999 (art. 1º) as operadoras de planos de saúde e os sistemas de autogestão ficaram vinculados ao Ministério da Saúde, e as empresas seguradoras passaram a ser "excluídas" da Lei nº 9.656/1998 para se manterem vinculadas às disposições do Ministério da Fazenda, submetendo-se à referida lei apenas quando se comportarem como planos de saúde, realizando práticas próprias dessas atividades. Uma das práticas próprias de operadoras de planos de saúde configura-se no credenciamento dos serviços aos usuários, ou seja, a operadora/seguradora remunera diretamente esses prestadores, com quem estabelece um acordo prévio quanto aos valores dos serviços utilizados. Já as seguradoras puras operam com o reembolso, direto ao usuário, das despesas por ele pagas, sem, entretanto, prestar-lhe os serviços de assistência à saúde.

As divisões e alterações instituídas pela Medida Provisória nº 1.908-18/1999 quanto ao órgão de controle e fiscalização da saúde suplementar, entretanto, não eram satisfatórias, o que culminou na criação de uma agência, no caso a Agência Nacional de Saúde Suplementar (ANS), nos moldes do que ocorreu com os serviços telefônicos e de exploração de petróleo, cujas atividades passaram a ser controladas e fiscalizadas pelas Agência Nacional de Telecomunicações (Anatel) e Agência Nacional do Petróleo, Gás Natural e Biocombustíveis (ANP), respectivamente.

Com a criação da Agência Nacional de Saúde Suplementar (Lei nº 9.961/2000), os conflitos de competência ministeriais estariam transpostos, passando-se a regular, em único órgão, todas as atividades privadas de assistência à saúde, incluindo-se planos e seguros-saúde.

Após a Medida Provisória nº 1.976-34, de 21 de dezembro de 2000, posteriormente convertida na Lei nº 10.185, de 12 de fevereiro de 2001, as pessoas jurídicas não constituídas como operadoras de planos privados de assistência à saúde, no caso as seguradoras, ficaram obrigadas a constituir "sociedades seguradoras especializadas em planos privados de assistência à saúde". Posteriormente, a RDC nº 65 da ANS dispôs sobre a especialização das sociedades seguradoras em planos de saúde.

Com essa alteração houve a reunificação das operadoras de planos e de seguros de saúde, chamadas indistintamente de operadoras de plano de assistência à saúde, e devendo ambas submeter-se às normas e à fiscalização da ANS. Assim, as novas normas aplicam-se a todas as operadoras de assistência, cabendo às operadoras de seguros constituir seguradora especializada em saúde, dissociada de qualquer outra modalidade de seguro e sujeitas, ainda, além das regras da ANS e do Consu, às regras da Susep e do Conselho Nacional de Seguros Privados (CNSP), conforme disposto na RDC nº 65, da ANS.

Em síntese, para efeito da lei,

> operadora de plano de saúde passa a ser sinônimo de qualquer pessoa jurídica que oferece assistência privada à saúde, seja de plano, seja de seguro, seja cooperativa, seja por autogestão; e plano de assistência à saúde é sinônimo de qualquer tipo de contrato que envolva assistência á saúde, seja por meio de credenciada (plano de saúde), de reembolso (seguro-saúde) ou da mistura de ambos [Cury,2005:100-1].

Desde a sua publicação, entretanto, a Lei nº 9.656/1998 já foi alterada por mais de 44 vezes, datando a mais recente alteração de 24 de agosto de 2001, pela Medida Provisória nº 2.177-44. Tal fato denota uma forte ingerência do Poder Executivo na normatização do setor de saúde privada, além das ingerências normativas emanadas dos órgãos reguladores e fiscalizadores.

Assim, a Lei nº 9.656/1998 dispõe, entre outros assuntos, sobre as pessoas de direito privado que estão a ela submetidas (art. 1º), sobre os órgãos reguladores em assuntos de assistência privada à saúde e suas competências (arts. 3º a 9º e 33), sobre as condições mínimas dos planos ou seguros de saúde (arts. 10 e 10-A), as doenças e lesões preexistentes aos contratos (art. 11), as coberturas, exclusões e carências em cada segmentação de assistência à saúde (plano ambulatorial, hospitalar com e sem obstetrícia, odontológico (art. 12), os prazos mínimos de vigência dos contratos (art. 13), a universalidade de acesso aos planos e seguros de saúde (art. 14), as variações pecuniárias por faixa etária (art. 15), as condições dos contratos (art. 16), as relações com os prestadores e credenciados (art. 18), as obrigações das operadoras com o órgão de fiscalização (arts. 19 a 29), os direitos dos demitidos e aposentados (arts. 30 e 31). Dispõe ainda sobre a questão dos ressarcimentos ao Sistema Único de Saúde pelos atendimentos na rede pública aos usuários de planos e seguros de saúde (art. 32), além das múltiplas e polêmicas questões instituídas pelo art. 35.

O objetivo da criação da Lei dos Planos de Saúde foi disciplinar o maior número de questões que envolvem a regulação de saúde, visto que, a todo instante, a ANS cria novas regras para serem aplicadas nas relações que envolvem usuários de planos de saúde, operadoras e prestadoras de serviços de saúde.

Registre-se também, nesse momento, a criação da Agência Nacional de Vigilância Sanitária (Anvisa), cujas funções são bastante amplas, estendendo-se desde a vigilância sanitária de portos, aeroportos, fronteiras e definição de políticas sanitárias internacionais até a promoção de proteção da saúde da população por intermédio do controle sanitário da produção e da comercialização de produtos e serviços submetidos à vigilância sanitária, incluindo ambientes, processos, insumos e tecnologias a eles relacionados.

A Anvisa foi criada pela Lei nº 9.782, de 26 de janeiro de 1999, sendo uma autarquia sob regime especial, vinculada ao Ministério da Saúde e caracterizada pela independência administrativa, estabilidade de seus dirigentes durante o período de mandato, além de autonomia financeira. A gestão da Anvisa é responsabilidade de uma diretoria colegiada, composta por cinco membros, tal como ocorre na Agência Nacional de Saúde Suplementar, órgão regulador dos planos privados de assistência à saúde.

Conceitos e definições instituídos pela lei, medidas provisórias e resoluções dos órgãos regulamentadores

A Lei nº 9656/1998 instituiu alguns conceitos e parâmetros fundamentais diretamente relacionados aos planos e seguros privados de assistência à saúde, como veremos a seguir.

Plano-referência

A principal característica da Lei nº 9.656/1998 é a criação do plano-referência, de oferecimento obrigatório por todas as operadoras entre as modalidades de planos de saúde existentes em cada operadora e suas diversas coberturas. Até a entrada em vigor desse plano, em janeiro de 1999, havia uma disparidade de ofertas de planos de saúde, o que impossibilitava a comparação de alternativas pelo consumidor e pelo poder público. O plano-referência veio para sistematizar o setor, obrigando todas as operadoras a ofertarem um determinado tipo de cobertura e, com isso, padronizar e permitir a aferição dos serviços ofertados. Não obstante sua abrangência bastante ampla, esse plano também não contempla a totalidade de ações disponíveis nem o atendimento integral nas urgências e emergências, quando relacionadas às doenças e lesões preexistentes sujeitas a cobertura parcial temporária (Resolução Consu nº 13/98, arts. 5º e 6º).

O art. 10 da Lei nº 9.656/1998 dispõe sobre o plano-referência:

> é instituído o plano-referência de assistência à saúde, com cobertura assistencial médico-ambulatorial e hospitalar, compreendendo partos e tratamentos, realizados exclusivamente no Brasil, com padrão de enfermaria, centro de terapia intensiva, ou similar, quando necessária a internação hospitalar, das doenças listadas na Classificação Estatística Internacional de Doenças e Problemas Relacionados com a Saúde, da Organização Mundial

de Saúde, respeitadas as exigências mínimas estabelecidas no art. 12 desta Lei, exceto:

I — tratamento clínico ou cirúrgico experimental;

II — procedimentos clínicos ou cirúrgicos para fins estéticos, bem como órteses e próteses para o mesmo fim;

III — inseminação artificial;

IV — tratamento de rejuvenescimento ou de emagrecimento com finalidade estética;

V — fornecimento de medicamentos importados não nacionalizados;

VI — fornecimento de medicamentos para tratamento domiciliar, ressalvado o disposto nas alíneas "c" do inciso I e "g" do inciso II do art. 12 (Redação dada pela Lei nº 12.880, de 2013);

VII — fornecimento de próteses, órteses e seus acessórios não ligados ao ato cirúrgico;

VIII — Revogado

IX — tratamentos ilícitos ou antiéticos, assim definidos sob o aspecto médico, ou não reconhecidos pelas autoridades competentes;

X — casos de cataclismos, guerras e comoções internas, quando declarados pela autoridade competente.

§1º As exceções constantes dos incisos deste artigo serão objeto de regulamentação pela ANS.

Na prática, o plano-referência corresponde ao somatório das coberturas da segmentação ambulatorial e hospitalar, incluindo obstetrícia, em padrão enfermaria, devendo estar registrado especificamente na Agência Nacional de Saúde como referência. Ainda garante atendimento integral, entre as coberturas legais e contratuais, para as urgências e emergências após 24 horas de vigência contratual, só admitindo exceção às internações cirúrgicas, em leitos de alta tecnologia (UTIs e assemelhados) e para os procedimentos de alta complexidade relacionados às doenças e lesões preexistentes, na forma do art. 6º da Resolução nº 13/1998 do Consu.

Além do plano-referência, a Lei nº 9.656/1998 estabelece as seguintes segmentações assistenciais que representam os tipos de planos de assistência à saúde possíveis de serem ofertados, após sua vigência: ambulatorial, hospitalar sem obstetrícia, hospitalar com obstetrícia e odontológica.

As coberturas assistenciais estão definidas nos arts. 10, 12 e 35-E da Lei nº 9.656/1998 e no Rol de Procedimentos editado e atualizado periodicamente pela ANS.

Outro conceito importante disciplinado na Lei nº 9.656/1998 e que envolve uma série de controvérsias quanto a sua aplicação prática é a questão das doenças e lesões preexistentes, que veremos a seguir.

Doenças e lesões preexistentes

São consideradas doenças e lesões preexistentes aquelas que o consumidor ou seu responsável saiba ser portador ou sofredor à data da contratação com a operadora de plano de assistência à saúde.

O consumidor deve informar a condição de doença ou lesão preexistente antes da assinatura do contrato, sob pena de imputação de fraude. Se forem realizados exames ou perícia no consumidor e não for apurada nenhuma doença ou lesão, esta não poderá ser alegada posteriormente pela operadora/seguradora. O prazo para a alegação é de 24 meses a contar da data de assinatura do contrato. Neste período, o ônus da prova é da operadora/seguradora. Não poderá haver suspensão da cobertura até a comprovação da fraude.

Verificada a existência de doença ou lesão preexistente à contratação do plano, é facultado à operadora oferecer ao usuário a oportunidade de pagar um acréscimo à mensalidade, para antecipar as coberturas associadas à doença ou lesão detectada e que sejam passíveis de exclusão por até 24 meses contratuais, a saber: procedimentos de alta complexidade relacionados pela Agência Nacional de Saúde Suplementar (ANS), procedimentos cirúrgicos ou em leitos de alta tecnologia (UTIs ou assemelhados).

Na prática, já que o agravo — nome dado a esse acréscimo — deixou de ser obrigatório e passou a ser facultativo, o mais comum é as operadoras não oferecerem essa alternativa ao usuário e manterem essas exclusões pelo período permitido pela lei (até 24 meses da inscrição do beneficiário), configurando assim o cumprimento à cobertura parcial temporária, como previsto na legislação. Findo esse prazo máximo de até 24 meses da inscrição do beneficiário no contrato, ele passa a ter direito a todas as coberturas contratuais, sem qualquer restrição pelo fato de ser portador de uma doença ou lesão preexistente.

Note-se que esse dispositivo é tratado diferenciadamente nos planos individuais e coletivos, em razão do número de beneficiários vinculados a estes últimos.

Para a avaliação da existência de doenças e lesões preexistentes o auditor médico da operadora tem um papel fundamental na avaliação da declaração de saúde do proponente.

De acordo com a Resolução Normativa nº 162/2007/ANS, sendo identificado indício de fraude, por parte do consumidor, referente à omissão de conhecimento de doença ou lesão preexistente por ocasião da contratação ou adesão ao plano privado de assistência à saúde, a operadora/seguradora deverá comunicar imediatamente a alegação de omissão de informação por meio de termo de comunicação ao beneficiário.

Somente após a comunicação, ao consumidor, da alegação de omissão de informação na declaração de saúde, a operadora/seguradora poderá encaminhar a documentação pertinente à Agência Nacional de Saúde Suplementar (ANS), requerendo abertura de processo administrativo para verificação de sua procedência ou não.

Não será permitida, sob qualquer alegação, a negativa de cobertura assistencial, assim como a suspensão ou rescisão unilateral de contrato, até a publicação, pela ANS, do encerramento do processo administrativo, ficando a operadora/seguradora sujeita às penalidades previstas na legislação em vigor.

Cabe ainda à operadora/seguradora o ônus da prova, devendo comprovar o conhecimento prévio do consumidor da doença ou lesão preexistente não declarada no momento da contratação ou adesão ao plano privado de assistência à saúde.

Reajustes contratuais

A Lei nº 9.656/1998 não determina uma limitação prévia no preço do plano. Sendo assim, sua fixação inicial é livre, só não podendo ser inferior ao valor mínimo apurado na forma da nota técnica atuarial[5] de registro do plano junto à ANS, de forma a se evitarem a concorrência predatória e o desequilíbrio contratual.

Entretanto, os reajustes financeiros aplicados aos contratos dos usuários detentores de contratos individuais ou familiares, bem como os decorrentes de mudança de faixa etária, são regulados. Os primeiros, a saber, os incidentes sobre os contratos regulamentados, ou seja, aqueles firmados ou adaptados na vigência da Lei nº 9.656/1998, dependem de prévia autorização da Agência Nacional de Saúde Suplementar. Igualmente, as respectivas faixas etárias de reajuste são previamente informadas à ANS, quando do registro do plano, na forma do art. 15 da Lei nº 9.656/1998.

[5] A ANS edita normas específicas para o registro de planos de assistência à saúde relativas aos instrumentos jurídicos e às notas técnicas atuariais e define pagamento de taxa de saúde suplementar.

Questão complexa incide quando os reajustes referem-se aos contratos não regulamentados ou mesmo aos contratos regulamentados e firmados anteriormente à vigência do Estatuto do Idoso (Lei nº 10.741, de 3 de outubro de 2003).

Relativamente aos contratos não regulamentados, assim entendidos aqueles que foram firmados antes da vigência da Lei nº 9.656/1998, haverá o reajuste financeiro anual, ou seja, aquele a ser aplicado na data do aniversário do contrato, de acordo com a Súmula nº 05/2003 da ANS. Esse reajuste obedecerá a índice previamente acordado. Na ausência de dispositivo claro quanto à aferição do índice aplicável, observar-se-á o índice autorizado pela ANS para os reajustes de contrato individual/familiar.

Quanto à aplicação do reajuste pela mudança de faixa etária, relativamente ao contrato do idoso (60 anos ou mais), a matéria remete-nos a três situações distintas:

- contratos antigos, ou seja, firmados anteriormente à vigência da Lei nº 9.656/1998 e abarcados pela Adin 1931/STF;[6]
- contratos novíssimos, em vigor a partir de 1º de janeiro de 2004 (Resolução Normativa nº 63, da ANS);
- contratos firmados na vigência da Resolução nº 6/1998 do Consu e, portanto, anteriores à vigência do Estatuto do Idoso.

Os reajustes pela mudança de faixa etária nos contratos dos idosos ainda é assunto polêmico em nossos tribunais. A tendência majoritária é pela aplicação da teoria dos contratos relacionais ou de trato sucessivo, que recepcionam a lei nova, ainda que para contrato firmado anteriormente à sua vigência, em detrimento da teoria de obediência ao contrato, ato jurídico

[6] Ação declaratória de inconstitucionalidade movida pela Confederação Nacional de Saúde em curso no Supremo Tribunal Federal.

perfeito e acabado,[7] firmado de acordo com as regras vigentes no momento de sua formação. Há uma prevalência nos tribunais pelo afastamento da aplicação do reajuste contratual sempre que o usuário completar 60 anos ou mais, independentemente da data de celebração do contrato, em razão do regramento legal instituído pelo Estatuto do Idoso.

Enquanto os reajustes financeiros anuais aplicáveis aos contratos individuais ou familiares dependem de prévia aprovação da Agência Nacional de Saúde Suplementar (art. 15 da Lei nº 9.656/1998), os reajustes aplicados aos contratos coletivos, sejam de natureza empresarial ou por adesão,[8] têm seus índices de reajustes financeiros livremente acordados entre as partes (pessoas jurídicas) contratantes, devendo-se observar, entretanto, as mesmas regras e limites quanto aos reajustes pela mudança de faixa etária aplicáveis aos contratos individuais (Resolução Normativa nº 63, da ANS).

Quando há algum desequilíbrio contratual na carteira da operadora, ainda é possível a aplicação de um índice de reajuste diferenciado, por meio da formalização de solicitação, à ANS, de revisão técnica, nos termos previstos na regulamentação pela agência reguladora.

É necessário ter atenção à Resolução Normativa ANS nº 309/2012 no tocante ao agrupamento dos contratos coletivos com menos de 30 vidas para fins de aplicação de reajuste anual na forma comunicada pela operadora à ANS previamente.

Os reajustes das mensalidades dos usuários dos planos de saúde requerem uma análise muito apurada e geram debates

---

7 Entende-se como tal aquele que não pode ser modificado ou anulado.

8 A distinção entre as modalidades contratuais — individual/familiar, coletivo empresarial ou coletivo por adesão —, bem como as distinções para efeito de atendimento de urgência/emergência, encontra-se prevista nas resoluções do Consu nºs 14 e 13, de 1988, respectivamente.

entre as associações de defesa do consumidor, as operadoras de planos de saúde e a Agência Nacional de Saúde.

O que percebemos é que este assunto ainda está longe de ser apaziguado, pois convivemos com o constante embate de interesses. De um lado encontram-se os usuários, que desejam, cada vez mais, a prestação de um adequado e eficiente serviço de saúde a preços módicos e, de outro, as operadoras, que se encontram sobrecarregadas com as constantes implementações feitas pela ANS, inclusive com a imposição permanente de oferta de novas coberturas.

Outro ponto disciplinado na Lei nº 9.656/1998 e inserido nesse contexto de planos de saúde, relacionado à preocupação com a dignidade da pessoa humana, diz respeito aos direitos do aposentado e do demitido.

É importante destacar ainda o tratamento específico aos contratos com os prestadores dos serviços assistenciais, em decorrência da vigência da Lei nº 13.003/2014 e em conformidade ao estipulado pela Resolução Normativa (RN) nº 363/2014 da ANS, a qual determina que a forma de reajuste dos serviços contratados deve ser expressa, de modo claro e objetivo, sendo aplicado anualmente na data de aniversário do contrato, admitindo-se a livre negociação. Nos casos em que houver omissão no contrato quanto ao reajuste será aplicado o índice oficial estipulado pela ANS, limitado ao IPCA.

Direito do aposentado e do demitido

A Lei nº 9.656/1998, em seus arts. 30 e 31, introduziu também, no campo dos direitos sociais, o direito do aposentado e do demitido sem justa causa de permanecer no plano de assistência à saúde nos mesmos moldes praticados pela empresa contratante. Após seu desligamento da pessoa jurídica, o beneficiário pode permanecer no plano de assistência à saúde por seis a 24 meses, no caso dos demitidos, ou à razão de um ano de permanência para cada ano de contribuição, no caso de aposentados com prazo de contribuição inferior a 10 anos, ou indefinidamente, no caso dos aposentados com 10 anos ou mais de contribuição.

Cabe ao ex-empregado titular do plano informar sobre sua contratação em novo emprego, ocasião em que cessará o direito ao benefício.[9]

O direito conferido ao aposentado ou demitido é extensivo a todo o grupo familiar inscrito quando do desligamento do titular.

Cobertura de transplantes

A Lei nº 9.656/1998 conferiu à ANS, nos termos do art. 10, §4º, competência para fixar as coberturas assistenciais, inclusive para transplantes e procedimentos de alta complexidade.

Estudos desenvolvidos pelo Ministério da Saúde apontaram, no início da legislação, para a cobertura exclusivamente dos transplantes de rim e córnea (Resolução nº 12/1998 do Consu) e, mais recentemente ainda, nos termos da Resolução Normativa nº 338/2013 da ANS (que atualizou o Rol de Procedimentos e Eventos em Saúde), para os transplantes autólogos, assim entendidos aqueles nos quais é utilizado material extraído do próprio paciente, e para os transplantes alogênicos, realizados com doadores de medula óssea. A cobertura assistencial deve englobar todas as despesas necessárias à realização do transplante.

Outros transplantes, tais como os de fígado e de pulmão, ficaram fora da regulamentação em razão dos altos custos a serem

[9] Cf. §5º do art. 30 da Lei nº 9.656/1998.

suportados pelas operadoras, onerando demasiadamente o plano de saúde do usuário ou, ainda, devido à sua baixa incidência.

Internações psiquiátricas

Em sintonia com as tendências da Organização Mundial de Saúde para a desospitalização do paciente crônico e para o incentivo da participação da família/cuidador na recuperação do indivíduo, a única modalidade de internação sujeita a contribuição financeira estabelecida em percentuais — crescentes, inclusive — ocorre no caso das internações psiquiátricas ou para efeitos de desintoxicação.

Enquanto nas demais modalidades de internação, nos termos da Resolução nº 08/1998 do Consu, a coparticipação financeira do usuário, se houver, deve ser estabelecida em reais (valores prefixados), para permitir ao usuário conhecer, no momento da contratação, os custos assistenciais a que estará sujeito, nas internações psiquiátricas há sempre uma corresponsabilidade percentual do usuário pelos custos decorrentes da internação. Tal critério visa a evitar que ela se transforme em uma internação permanente nas instituições cuidadoras, com eventual abandono do paciente pela família.

Pode-se afirmar que, até o advento da Lei nº 9.656/1998, a cobertura pelos planos ou seguros de saúde para as internações psiquiátricas ou para efeitos de desintoxicação era, praticamente, inexistente no Brasil. Assim, mais uma vez, a Lei dos Planos de Saúde inovou ao instituir a cobertura para os transtornos de natureza psiquiátrica.

Na próxima seção trataremos da controvertida polêmica acerca do ressarcimento ao SUS. Na atual estruturação da prestação de serviços — pública e privada — será legítima a sua cobrança?

A polêmica questão do ressarcimento ao SUS

O art. 32 da Lei nº 9.656/1998 instituiu a obrigatoriedade de a operadora ressarcir o Estado toda vez que o beneficiário do plano privado de assistência à saúde for atendido na rede pública.

Algumas circunstâncias são excepcionadas pela Agência Nacional de Saúde Suplementar para efeitos dessas cobranças, podendo a operadora impugná-las, como, por exemplo:

- quando o beneficiário é atendido durante o cumprimento dos prazos de carência, ocasião em que não há cobertura contratual;
- quando o procedimento é realizado fora da área de abrangência contratual;
- quando o procedimento não é previsto no plano de beneficiário;
- quando ocorrem divergências técnicas, isto é, divergências quanto à indicação do procedimento ou sua quantidade.

A justificativa do Estado para a cobrança do ressarcimento, além da previsão legal, é a de que a operadora recebe previamente do usuário para prestar o atendimento assistencial e se ele é realizado pelo Estado, há um consequente "enriquecimento ilícito" da operadora.

Além dos argumentos relacionados à natureza jurídica do ressarcimento — se de natureza tributária, compensatória ou espécie de contrato compulsório estabelecido entre o Estado e o particular —, inegável é que o art. 196 da Constituição Federal, ao dispor que o direito à saúde constitui direito do cidadão e dever do Estado, não limitou esse direito unicamente às ações voltadas às políticas públicas, nem criou uma classe diferenciada de cidadãos, segregando os que possuem e os que não possuem planos de saúde, para efeito de acesso "universal, igualitário e gratuito" aos serviços de saúde.

A RN nº 358/2014 da ANS trouxe inovações nos procedimentos de cobrança do ressarcimento ao Sistema Único de Saúde (SUS), instituindo um processo híbrido, que envolve documentação física e eletrônica.

As petições de impugnação e de recurso deverão ser encaminhadas exclusivamente por meio de serviço *online* de protocolo, pelo programa próprio da Agência Reguladora, denominado Persus, em vigor desde 6 de janeiro de 2015.

Não poderemos esgotar neste livro assunto tão polêmico. Deixamos aqui o convite ao leitor para reflexão sobre o tema e o acompanhamento do desfecho dessas questões nos tribunais superiores. A seguir, encerraremos este capítulo com a abordagem de alguns direitos previstos na Lei nº 9.656/1998, analisando a situação dos contratos em geral anteriormente à regulação, o que entendemos ser de suma importância.

Outros direitos em geral dos pacientes de planos de saúde previstos na Lei nº 9.656/1998

Além de todas as previsões de cobertura já mencionadas, são garantidos outros aspectos assistenciais e operacionais nos contratos de saúde regulamentados, tais como:

- direito à não discriminação em razão da idade ou de ser portador de qualquer doença ou lesão preexistente ao contrato, sendo vedada a exclusão de cobertura a qualquer doença ou lesão preexistente após 24 meses da contratação do plano (art. 11);
- proibição de alteração, na rede hospitalar vinculada ao plano sem prévia autorização da Agência Nacional de Saúde Suplementar, devendo a operadora prestar compromisso com

os consumidores, individualmente, mediante comunicação com 30 dias de antecedência (art. 17, alterado pela Lei nº 13.003/2014);

- ilimitação na fixação dos prazos de internação ou de quantidade dos procedimentos (art. 12, incisos I, II a, II b);
- suspensão ou rescisão do contrato individual/familiar do usuário somente no caso de inadimplência ou fraude, observadas as condições do art. 13, parágrafo único, inciso II;
- direito à não discriminação na marcação de consultas e exames por participar de plano de saúde (art. 18);
- padronização nos prazos máximos de carência comum a todas as operadoras: 300 dias para parto e 180 dias para os demais procedimentos (art. 12, inciso II b), bem como proibição de recontagem de carência, no caso de inadimplência (art. 13, inciso I);
- exigência de clareza sobre as condições gerais do contrato a ser formalizado entre o usuário e a prestadora (art. 16);
- cobertura assistencial ao recém-nato durante os primeiros 30 dias após o nascimento;
- inscrição assegurada ao recém-nato, isento do cumprimento dos períodos de carência.

Para melhor visualização das diferenças entre os contratos celebrados antes e depois da Lei nº 9.656/1998, elaboramos um quadro comparativo.

Coberturas contratuais antes e depois da Lei nº 9.656/1998

Coberturas	Contrato firmado antes da Lei nº 9.656/1998	Contrato regulamentado ou adaptado
Internação hospitalar, inclusive em UTI	Limitação do número de dias	Sem limite de dias
Doenças infectocontagiosas, inclusive Aids	Não cobertas	Cobertas
Cobertura obstétrica (partos)	Contratação opcional	Contratação opcional
Cirurgia cardíaca	Contratação opcional	Coberta
Tratamentos de câncer	Cobertura em alguns casos, conforme previsão contratual	Cobertos
Hemodiálise e diálise peritoneal ambulatorial	Não cobertas	Cobertas
Transplantes de rim e de córnea	Não cobertos	Cobertos
Doenças congênitas	Não cobertas	Cobertas
Órteses e próteses relacionadas ao ato cirúrgico	Não cobertas	Cobertas
Sessões de fisioterapia	Limitadas	Sem limite
Transtornos psiquiátricos, dependência química, inclusive internação	Não cobertos	Cobertos com coparticipação financeira após 30 dias de internação.
Exames especiais e de alto custo (ressonância magnética, tomografia computadorizada, ecocardiograma com doppler colorido etc.)	Limitados ou não cobertos	Sem limites, conforme Rol de Procedimentos da ANS em vigor (RN nº 338/2013).

Tantas inovações, caro leitor, ocorreram pelo fato de a relação entre o prestador de serviços de saúde e o usuário do sistema de saúde, tanto na esfera pública quanto na privada, ter sido enquadrada como uma relação de consumo, sujeita à aplicação do Código de Defesa do Consumidor (CDC), como veremos no próximo capítulo.

2

Direitos do consumidor em saúde

Conforme mencionado no capítulo anterior, caro leitor, com o advento da Constituição da República Federativa do Brasil de 1988 (CRFB/1988), o cidadão brasileiro viu fortalecidos, no quadro dos direitos fundamentais, uma série de direitos que até então estavam esmaecidos.

Entre esses direitos, encontra-se o do consumidor, objeto de investigação neste capítulo, tendo a Carta Magna estabelecido que o Estado deve promover, na forma da lei, a defesa do consumidor (art. 5º, inciso XXXII).

O Código de Defesa do Consumidor (CDC) foi instituído pela Lei nº 8.078/1990 com o intuito de estabelecer limites ao legislador ordinário, impedindo a criação de normas com conteúdos que restrinjam ou anulem qualquer direito do consumidor. Possui o código um campo de incidência abrangente, difuso e que permeia todas as relações de consumo, seja no direito público ou privado, contratual ou extracontratual, material ou processual. É uma lei específica, compreendendo todos os princípios cardeais do direito do consumidor, seus conceitos fundamentais e suas normas, além de cláusulas gerais para a sua aplicação e interpretação.

Se cada vez mais se utiliza esta lei para embasar pretensões e propor soluções justas para os conflitos no mercado brasileiro, o cumprimento voluntário da lei e a adaptação do mercado a estes parâmetros ainda podem evoluir, assim como a própria utilização que dela fazem os profissionais do direito.

Relação jurídica de consumo: conceitos e natureza das normas reguladoras das relações de consumo

Toda relação social que se torna relevante à sociedade transforma-se em uma relação jurídica, servindo a conduta de modelo aos demais integrantes do grupo social.

A sociedade, a seu turno, tem interesse em que essas condutas relevantes sejam normatizadas, a fim de que se mantenha a tranquilidade social do grupo, não só pela repressão, mas também, e principalmente, pela prevenção.

Por essa razão, as inúmeras relações fáticas tendem a se transformar em relações jurídicas, merecendo, assim, o tratamento jurídico que lhe atenda o intuito de harmonização, tão próprio de uma sociedade civilizada.

Essa é a base construtiva das chamadas normas jurídicas, as quais se dividem em normas de conduta e normas de organização.

As normas de conduta têm por objetivo imediato disciplinar o comportamento dos membros da sociedade, e as de organização visam a estruturar a disciplina de processos técnicos de identificação e aplicação de normas; têm, assim, caráter instrumental.

Com base nessas noções prévias, torna-se mais fácil conceituar a relação jurídica de consumo, a qual está representada pelo vínculo que se estabelece entre um consumidor — destinatário final e entes a ele equiparados — e um fornecedor profissional, decorrente de um ato de consumo ou como reflexo de um acidente de consumo. Tal relação sofre a incidência da norma jurídica específica, com o objetivo de harmonizar as interações naturalmente desiguais da sociedade moderna de massa.

Nesse ponto, algumas definições bastante específicas e legais impõem-se ao conhecimento: consumidor, fornecedor, produto e serviço:

- *consumidor* — de acordo com a lei, "é toda pessoa física ou jurídica que adquire ou utiliza produto ou serviço como destinatário final", equiparando-se a ele "a coletividade de pessoas, ainda que indetermináveis" (CDC, art. 2º e seu parágrafo único);
- *fornecedor* — na forma do CDC (art. 3º)

> é toda pessoa física ou jurídica, pública ou privada, nacional ou estrangeira, bem como os entes despersonalizados, que desenvolvam atividade de produção, montagem, criação, construção, transformação, importação, exportação, distribuição ou comercialização de produtos ou prestação de serviços;

- *produto* — "é qualquer bem, móvel ou imóvel, material ou imaterial" (CDC, art. 3º, §1º);
- *serviço* — "é qualquer atividade fornecida no mercado de consumo, mediante remuneração, inclusive as de natureza bancária, financeira, de crédito e securitária, salvo as decorrentes das relações de caráter trabalhista" (CDC, art. 3º, §2º).

Importante ressaltar que as operadoras de saúde (seguradoras e planos) são típicos fornecedores de serviço, e a elas se aplica o Código de Defesa do Consumidor, pois os usuários dos planos ou das seguradoras são consumidores e estão em posição economicamente inferior, ou seja, de hipossuficiência.

De acordo com Silveira (2009), o fornecedor, na hipótese da medicina prestada por meio de convênios de saúde, é, como definido no art. 3º do CDC, a empresa que oferece o serviço médico.

Ultrapassado esse primeiro momento conceitual, convém relevar a natureza das normas reguladoras da relação jurídica de consumo. E, nesse intuito, há de se destacar o artigo introdutor do CDC, que estabelece que as normas de proteção e defesa do consumidor são de ordem pública e interesse social, isto é, são normas que não estão restritas ao formalismo processual, devendo ser examinadas pelo órgão julgador em toda a sua extensão, independentemente de qualquer manifestação da parte.

Esta relação é dotada de elementos básicos, sendo eles: os sujeitos (o fornecedor e o consumidor), o objeto (o produto ou serviço) e a finalidade (que o consumidor adquira o produto ou utilize o serviço como destinatário final).

Assim, não basta a existência de um consumidor numa determinada transação para que ela seja caracterizada como relação de consumo. É preciso também a existência de um fornecedor que exerça as atividades descritas no art. 3º do Código de Defesa do Consumidor.

No que toca ao interesse social, tem-se que a questão dos direitos dos consumidores deve contar sempre com a participação do Ministério Público, que exerce o mister institucional e constitucional de velar pelos interesses sociais.

Veremos, a seguir, como as relações de consumo foram tratadas no ordenamento jurídico e na doutrina brasileira.

Política nacional das relações de consumo

Como vimos anteriormente, a CRFB/1988 estabeleceu que o Estado deve promover, na forma da lei, a defesa do consumidor (art. 5º, inciso XXXII).

Acresça-se que, ao tratar da ordem econômica e financeira (art. 170, inciso V), o legislador constituinte entendeu ser um dos princípios gerais da atividade econômica a defesa do consumidor. Logo, restou claro à sociedade brasileira que a ordem econômica, fundada na valorização do trabalho humano e na livre iniciativa, deve ter por fim assegurar a todos existência digna, conforme os ditames da justiça social, observando o princípio da defesa do consumidor, agora direito fundamental do cidadão brasileiro.

Dessa forma, a Lei nº 8.078, de 11 de setembro de 1990, denominada Código de Defesa do Consumidor, nasceu com a especial tarefa de regular as relações jurídicas de consumo, considerando a desigualdade que se apresentava entre o fornecedor (e assemelhados) e o consumidor (destinatário final).

E para regulamentar as relações de consumo, o CDC dedicou o capítulo II à *política nacional de relações de consumo*, tendo por objetivo o atendimento das necessidades dos consumidores, o respeito à dignidade, saúde e segurança, a proteção de seus interesses econômicos, a melhoria da sua qualidade de vida, bem como a transparência e harmonia das relações de consumo.

Para tanto, estabeleceu que essa política deveria atender aos seguintes princípios:

- *o reconhecimento da vulnerabilidade do consumidor no mercado de consumo* — o consumidor certamente é aquele que não dispõe de controle sobre os bens de produção e, por conseguinte, deve submeter-se ao poder dos titulares destes. Assim, com o desequilíbrio dessa relação, impunha-se o estabelecimento de regras necessárias à harmonização econômica no relacionamento consumidor–fornecedor. Para tanto, entre os direitos básicos do consumidor, está a facilitação de seu acesso aos instrumentos de defesa, notadamente no âmbito coletivo, com o estabelecimento da responsabilidade objetiva, aliada à inversão do ônus da prova;

- a *ação governamental no sentido de proteger efetivamente o consumidor* — esses objetivos devem ser alcançados por iniciativa direta, por incentivos à criação e desenvolvimento de associações representativas, pela presença do Estado no mercado de consumo e pela garantia dos produtos e serviços com padrões adequados de qualidade, segurança, durabilidade e desempenho. Cabe ao Estado não apenas desenvolver atividades no sentido da política nacional de relações de consumo, com a instituição de órgãos públicos de defesa do consumidor e incentivo à criação de associações civis representativas, mas, no campo da ação efetiva, cabe a ele regular o mercado, mediante a assunção de faixas de produção não atingidas pela iniciativa privada, intervindo quando haja distorções, sem falar no zelo pela qualidade, segurança, durabilidade e desempenho dos produtos e serviços oferecidos ao público consumidor;
- *a harmonização dos interesses dos participantes das relações de consumo* — visa à compatibilização da proteção do consumidor com a necessidade de desenvolvimento econômico e tecnológico, de modo a viabilizar os princípios nos quais se funda a ordem econômica (art. 170 da Constituição Federal), sempre com base na boa-fé e equilíbrio nas relações entre consumidores e fornecedores. A harmonização em questão funda-se no tratamento equilibrado das partes envolvidas e na adoção de parâmetros de ordem prática. Com base neste princípio, difundem-se no país os departamentos de atendimento ao consumidor, criados pelas próprias empresas, e diversificadas técnicas de abordagem, como a possibilidade de contato telefônico ou postal. Ao lado dessas primeiras providências tendentes à harmonização dos interesses, surgem, ainda, as convenções coletivas de consumo. Estas são, na realidade, pactos entre entidades civis de consumidores e as associações de fornecedores ou sindicatos de categoria

econômica, com o fito de regular as relações de consumo que tenham por objeto estabelecer condições relativas ao preço, à qualidade, à garantia e características de produtos e serviços, bem como à reclamação e composição de conflito de consumo. Outro aspecto relevante é a educação e informação de fornecedores e consumidores, quanto aos seus direitos e deveres, com vistas à melhoria do mercado de consumo.

No tocante aos usuários dos planos de saúde, as leis que os protegem, além do Código de Defesa do Consumidor, são: a Constituição Federal de 1988 (CRFB/1988), a Lei dos Planos de Saúde (Lei nº 9.656/1998) e o Código Civil (Lei nº 10.406/2002).

Como se verifica, além da desejada transparência na relação entre fornecedor e consumidor, norteia essa relação um princípio que se tornou importantíssimo no entendimento doutrinário e jurisprudencial no Brasil nas últimas décadas, e que veremos a seguir. É o princípio da boa-fé.

O princípio da boa-fé nas relações de consumo

É considerado, praticamente, um dos princípios universais, visto que, hoje em dia, norteia todas as relações jurídicas e é constante nos sistemas legislativos em muitos países.

Já havia disposições do princípio da boa-fé no Código Civil francês de 1804, como também no Código Civil alemão de 1896.

De acordo com Schier (2006:32), o Código Civil alemão apresentava diversos parágrafos que versavam sobre o princípio da boa-fé, tais como o §242: "o devedor está adstrito a realizar a prestação tal como o exija a boa-fé, com consideração pelos costumes e usos do tráfico jurídico" e o §157: "os contratos interpretam-se como o exija a boa-fé, como consideração pelos costumes do tráfego".

Da mesma forma, o Código Civil francês e o Código Civil italiano trouxeram esse princípio, que foi confirmado pela melhor doutrina desses países, como ocorreu em Portugal, inspirando o legislador brasileiro quando da elaboração tanto do nosso Código de Defesa do Consumidor quanto do Código Civil brasileiro.

O princípio da boa-fé no Código de Defesa do Consumidor

Dispõe o art. 4º do Código de Defesa do Consumidor:

> Art. 4º A Política Nacional das Relações de Consumo tem por objetivo o atendimento das necessidades dos consumidores, o respeito à sua dignidade, saúde e segurança, a proteção de seus interesses econômicos, a melhoria da sua qualidade de vida, bem como a transparência e harmonia das relações de consumo, atendidos os seguintes princípios:
> I – reconhecimento da vulnerabilidade do consumidor no mercado de consumo;
> [...]
> III – harmonização dos interesses dos participantes das relações de consumo e compatibilização da proteção do consumidor com a necessidade de desenvolvimento econômico e tecnológico, de modo a viabilizar os princípios nos quais se funda a ordem econômica (art. 170 da Constituição Federal), sempre com base na boa-fé e equilíbrio nas relações entre consumidores e fornecedores.

"Percebe-se [no dispositivo legal transcrito], logo no inciso I, que o Código de Defesa do Consumidor consagrou o princípio da vulnerabilidade, reconhecendo o consumidor como a parte mais frágil na relação de consumo" (Guglinski, 2008).

A inclusão do reconhecimento da vulnerabilidade do consumidor no Código de Defesa do Consumidor brasileiro decorre da Resolução da ONU nº 39/248, de 1985, que estabeleceu em seu art. 1º que o *consumidor é a parte mais fraca*. O fato de a ONU reconhecer em uma resolução que o consumidor é a parte mais fraca na relação de consumo tem repercussão mundial, conforme entende Guglinski (2008).

A adoção de um código de defesa do consumidor seria inócua sem o reconhecimento da vulnerabilidade deste, mormente porque a sociedade moderna, por ser de consumo, faz uso dos mais variados produtos e serviços, sem, naturalmente, possuir os conhecimentos técnicos necessários para a elucidação de questões que envolvem o produto adquirido ou o serviço prestado. Diga-se, a título de exemplo, que não é preciso que o consumidor entenda de física para contratar um exame de ressonância magnética.

Por outro lado, é igualmente imperioso reconhecer que a proteção ao consumidor não pode impedir ou inibir o desenvolvimento econômico e tecnológico. Nesse diapasão, incluiu o legislador o inciso III ao art. 4º do CDC, recomendando a harmonização dos interesses dos consumidores com o desenvolvimento econômico e tecnológico promovido pelos fornecedores.

Segundo Guglinski (2008),

> não há como negar que o Código Brasileiro de Defesa do Consumidor mostra-se altamente protecionista. Da mesma forma, pode se notar que o legislador pátrio não se preocupou tão somente com os interesses dos consumidores, mas sim com todos os fatores que propiciam o desenvolvimento do mercado de consumo.

Quando o consumidor faz uma crítica ou reclama da qualidade de um produto ou serviço, ele força o fornecedor a desenvolver novas tecnologias ou produtos. Esse jogo de forças é importante para o avanço econômico e tecnológico. Não fosse as enormes reclamações dos pacientes cardíacos quanto às invasivas e dolorosas cirurgias, não teríamos hoje, já como produto relativamente comum, os *stents* e a tecnologia de sua implantação.

Por outro lado, os juristas há muito sabem que uma lei, principalmente codificada, fossiliza o direito. Visando minimizar esse efeito, o legislador adotou no Código de Defesa do Consumidor, em lugar de regras precisas, bases principiológicas, como é o caso do princípio da boa-fé objetiva, pois seria impossível prever todas as práticas abusivas ou lesivas aos consumidores.

Nesse sentido, vale aqui citar o art. 51, inciso IV, do diploma legal aqui referido, que diz:

> Art. 51 São nulas de pleno direito, entre outras, as cláusulas contratuais relativas ao fornecimento de produtos e serviços que:
> [...]
> IV – estabeleçam obrigações consideradas iníquas, abusivas, que coloquem o consumidor em desvantagem exagerada, ou sejam incompatíveis com a boa-fé ou a equidade.

Conforme observa Guglinski (2008),

> segundo os autores do anteprojeto do código, a verificação da presença de boa-fé na conclusão do negócio jurídico cabe ao magistrado, no intuito de constatar se determinada cláusula contratual é ou não válida perante o dispositivo aqui transcrito. Já no que diz respeito à equidade, esta constitui regra de julgamento apenas nos casos prescritos em lei, consoante prescrição do art. 127 do Código de Processo Civil. Sendo assim, nesses casos o juiz não julgará com base na equidade, mas tão somente observará o que está de acordo com a equidade e a boa-fé.

De outro lado, em uma relação de consumo, não só a obrigação principal é objeto de tutela, mas também o interesse global, ou seja, ao adquirir um produto ou serviço o consumidor tem direito de acesso a todas as informações acerca do que está adquirindo. Por isso, o art. 6º, III, do Código de Defesa do Consumidor brasileiro, visando dar maior efetividade ao princípio da boa-fé objetiva, consagra o princípio da informação nos seguintes termos:

> Art. 6º [...]
> III – a informação adequada e clara sobre os diferentes produtos e serviços, com especificação correta de quantidade, características, composição, qualidade e preço, bem como sobre os riscos que apresentem;

O dever de informar preconizado no dispositivo citado tem por objetivo dar conhecimento aos consumidores de todas as características importantes dos produtos ou serviços, para que possam adquirir ou contratar sabendo exatamente o que esperar deles.

Na verdade, isso se verifica porque, em uma relação de consumo, não só a obrigação principal é objeto de tutela, mas sim o interesse global, ou seja, ao adquirir um produto ou serviço, o consumidor tem o direito de acesso a todas as informações acerca do que está adquirindo.

Nos contratos celebrados com as operadoras de saúde devem-se observar não apenas as cláusulas escritas, pré-redigidas unilateralmente pelo fornecedor, mas também a fase pré-contratual, incluindo-se a oferta,[10] a propaganda veiculada e as informações prestadas, que se tornam fontes do negócio jurídico.

[10] Art. 30 do Código de Defesa do Consumidor.

Assim, a estratégia de marketing utilizada que não alerta nem adverte quanto aos serviços não incluídos frustra não só a confiança do consumidor como também o seu direito de obter legítimas informações acerca do contrato.

Portanto, o contrato deve ter uma linguagem simples, letras que proporcionem fácil leitura — ou seja, a fonte não pode ser inferior a 12, como prevê o art. 54, §3º, do Código de Defesa do Consumidor — e as cláusulas que limitem os direitos do consumidor devem ser escritas com destaque (Silveira, 2009:9).

O cumprimento do dever de informar será o melhor instrumento de prevenção à obrigação de indenizar por danos eventualmente causados, como será visto a seguir.

Prevenção e reparação de danos

O bem mais valioso a ser preservado nas relações de consumo é a vida do consumidor. Por essa razão, ao tratar da prevenção e reparação de danos, preocupa-se o CDC com que o fornecedor ou fabricante bem informe sobre os riscos de seus produtos, de modo que os consumidores possam estar cientes das consequências da utilização dos mesmos.

A informação é a tônica de toda a prevenção dos eventuais efeitos adversos de determinados produtos. São as informações necessárias e adequadas a respeito do produto que devem guarnecê-lo em qualquer hipótese. Cite-se, como exemplo, os avisos nos rótulos dos produtos inflamáveis, a listagem dos constituintes de determinados alimentos, as advertências acerca dos excessos medicamentosos nas bulas, as informações relacionadas à ingestão acidental de determinados produtos químicos etc. A informação deve, ainda, ser ostensiva e adequada a respeito da respectiva nocividade ou periculosidade de determinados produtos.

A ocorrência de dano causado por produto ou serviço defeituoso gera uma responsabilidade do fornecedor, sendo de natureza objetiva a responsabilidade atribuída ao fabricante pelo CDC, como se verá mais adiante. Portanto, a prevenção, consubstanciada nos cuidados aqui referenciados, caracteriza a efetiva intenção de não causar danos. Mas, se estes vierem a ocorrer, caberá ao fabricante, imbuído do mais alto grau de consideração à saúde do consumidor, não só reparar os danos causados, como também, e principalmente, empenhar-se em melhorar o produto, eliminando as possíveis falhas que se tenham verificado com o caso danoso.

Os contratos de consumo e sua repercussão na área de saúde

Embora alguns consumidores pensem que, na ausência de um contrato escrito, não é possível reclamar dos serviços prestados de forma inadequada, é importante frisar que os efeitos jurídicos dos contratos de assistência à saúde têm início a partir da data da assinatura da proposta de adesão ou da assinatura do contrato, ou, ainda, do pagamento da mensalidade inicial – o que ocorrer em primeiro lugar.

Além disso, de acordo com o art. 13 da Lei nº 9.656/1998, esses contratos se renovam automaticamente a partir do fim da vigência inicial, sendo vedada a cobrança de qualquer taxa a título de renovação.

O Código de Defesa do Consumidor prevê, no art. 6º, inciso IV, como direito básico do consumidor, a proteção contra cláusulas contratuais abusivas, assegurando assim o equilíbrio entre as partes num determinado contrato de consumo.

Verifica-se, assim, a necessidade de tutelar a parte mais fraca na relação de consumo, em decorrência dos inúmeros abusos praticados em detrimento do consumidor. Esclarecem Grinover e Benjamin (2007:6):

Se antes fornecedor e consumidor encontravam-se em uma situação de relativo equilíbrio de poder de barganha (até porque se conheciam), agora é o fornecedor (fabricante, produtor, construtor, ou comerciante) que, inegavelmente, assume a posição de força na relação de consumo e que, por isso mesmo, dita as regras. E o direito não pode ficar alheio a tal fenômeno.

Assim, para que uma pessoa possa invocar a proteção do Código de Defesa do Consumidor, é mister a análise da existência da relação jurídica de consumo. O contrato de consumo é regulado por esta lei de ordem pública, que impera, intervém na relação privada, buscando assim restabelecer o equilíbrio consolidado, na maioria das vezes, por um contrato de adesão.

Contrato de adesão

O contrato de adesão é definido expressamente na lei do consumidor, no art. 54: "Contrato de adesão é aquele cujas cláusulas tenham sido aprovadas pela autoridade competente ou estabelecidas unilateralmente pelo fornecedor de produtos ou serviços, sem que o consumidor possa discutir ou modificar substancialmente seu conteúdo".

Verificamos, no conceito de contrato de adesão, que o consumidor não possui o direito de liberdade de escolha das cláusulas contratuais, sendo estas pré-redigidas e impostas pelo fornecedor de produtos ou serviços. Nessa linha de entendimento, é correta a premissa que nos contratos de adesão há a liberdade de contratar, todavia inexiste a liberdade contratual, razão da tutela da norma consumerista, buscando mitigar cláusulas abusivas.

Segundo ensina Almeida (1982:95) "contratos de adesão, contratos-tipos ou contratos pré-redigidos são designações atribuídas aos atos jurídicos cujas cláusulas, na totalidade ou nos seus elementos mais importantes, são impostas por uma das partes à outra, conforme um modelo genericamente aplicável".

Consigna-se, ainda, que a inclusão de cláusulas manuscritas ou datilografadas no contrato de adesão não o descaracteriza, na forma que dispõe o art. 54, §1º, do CDC, em conformidade com a doutrina.

Os contratos de assistência à saúde são contratos de adesão, contratos em que não se admite a negociação ou a modificação de cláusulas que, por vezes, não atendem aos interesses e necessidades do consumidor, obrigando-o a aceitar condições que podem, inclusive, esbarrar em seus direitos.

Assim, aos consumidores não resta outra alternativa: ou aderem às condições preestabelecidas no contrato apresentado pelo fornecedor de serviço ou não usufruem do serviço de saúde de que necessitam.

Os contratos de saúde, em regra, acompanham o consumidor pela vida toda, sendo denominados contratos de longa duração, e implicam uma obrigação de resultado, ou seja, o que se espera da empresa que comercializa os denominados "planos de saúde ou seguros-saúde" é um ato preciso, um "prestar serviços médicos", um "reembolso de quantias", um "fornecer exames e medicamentos".

Contrato de adesão e contrato paritário

O contrato sofreu significativas mudanças, principalmente após a revolução industrial, dando ensejo ao contrato-padrão, o contrato de massa, cujo objetivo é atender à demanda convocada por modernos instrumentos de publicidade e propaganda, ofertando produtos e serviços à coletividade.

Observamos que o contrato não possui mais aquela peculiaridade da discussão das cláusulas contratuais que as partes efetivavam antes da conclusão de um negócio jurídico. Nos dias atuais, o consumidor só tem duas opções: aderir ou não aderir ao contrato em busca do bem ofertado.

Nessa linha de entendimento percebe-se que o contrato deixou de ser paritário, passando a ser um contrato unilateral, no qual as cláusulas contratuais pré-redigidas consagram o interesse do fornecedor. Daí a razão da relativização dos contratos, de sorte que existindo contrato de consumo não há princípio ou conceito absoluto. O princípio de que as partes se obrigam num contrato é relativizado em prol do equilíbrio contratual, permitindo o CDC a "modificação das cláusulas contratuais que estabeleçam prestações desproporcionais ou sua revisão em razão de fatos supervenientes que as tornem excessivamente onerosas" (teoria da lesão consagrada no art. 6º, inciso V, do CDC).

Nunes (2000:614) sustenta que o termo "adesão" não significa "manifestação de vontade", não havendo sentido em falar que a parte se obriga pelo contrato de adesão.

O direito do consumidor: proteção contra cláusulas abusivas

A expressão "cláusulas abusivas" concretiza as interpretações dos tribunais acerca das cláusulas potestativas ou leoninas nos contratos.[11]

Na relação de consumo limitações vão surgir no tocante ao contrato firmado entre as partes. Obrigatoriamente deverão ser observados, sob pena de nulidade da cláusula, princípios de proteção ao consumidor, em especial o da transparência, que permite ao consumidor amplo e pleno conhecimento das condições reguladoras do negócio.

Diante dos conflitos de consumo, que surgem a cada dia entre o fornecedor e o consumidor, verifica-se o desequilíbrio

---

[11] São chamadas de cláusulas leoninas porque são impostas nos contratos com o objetivo de prejudicar as partes mais fracas, que ficam sujeitas ao bote do leão quando da sua aplicação.

entre as partes, em face da submissão, por exemplo, a uma cláusula abusiva (dado o princípio da imutabilidade do contrato) ou mesmo a uma prática comercial abusiva ditada pela parte mais forte, que demonstra a manifesta vantagem excessiva. Surge assim a necessidade da intervencão estatal por meio da atuação do Judiciário, permitindo a revisão das cláusulas contratuais pactuadas de forma abusiva, que impliquem lesão ao direito do consumidor.

Os contratos de adesão são, muitas vezes, contratos de consumo nos quais os fornecedores impõem cláusulas abusivas aos consumidores.

Em inúmeros julgados a jurisprudência confirma o contrato de adesão efetuando a revisão nas cláusulas abusivas, declarando, em algumas ocasiões, a nulidade da cláusula contratual e, em outras, adequando seu conteúdo, como no caso do *leasing* com indexador em dólar, que ficou conhecido em nível nacional. Nesse caso o juiz estabeleceu um indexador diverso, em razão da majoração das prestações com a elevação do dólar.

Verifica-se que o CDC ratificou o contrato de massa no ordenamento jurídico, repelindo, todavia, a cláusula contratual abusiva.

Um caso concreto de cláusula abusiva reconhecido pelo Superior Tribunal de Justiça (STJ), que deu origem à Súmula nº 60,[12] foi a *cláusula mandato*,[13] um flagrante desrespeito à boa-fé objetiva (que pressupõe lealdade), violada em decorrência de disposição contratual.[14]

[12] Súmula 60 do STJ. Ementa: "É nula a obrigação cambial assumida por procurador do mutuário vinculado ao mutuante, no exclusivo interesse deste" (*DJ* 20 out. 1992, p. 18382).

[13] De igual forma, a Portaria nº 4 da Secretaria de Direito Econômico (SDE) também elencou como cláusula abusiva a *cláusula mandato*, em perfeita consonância com o art. 51, inciso VIII do CDC.

[14] A Associação Nacional dos Usuários de Cartões de Crédito (Anucc) propôs ação coletiva contra a Credicard para que sejam declaradas nulas as cláusulas contratuais abusivas

Fato comum de acontecer envolvia os cursos preparatórios para concurso, em que o consumidor, ao contratar o referido curso, assinava uma nota promissória em branco ou mesmo concedia alguns cheques pré-datados. Se o consumidor não se interessasse mais pelo curso, não lhe era permitida a devolução dos títulos de garantia, porque o fornecedor invocava o princípio da obrigatoriedade do contrato. O fato de não frequentar as aulas não implicava a restituição do valor pago.

Se, por um lado, não se pode exigir de um fornecedor que elabore um contrato específico com cada um de seus consumidores, discutindo com estes todas as cláusulas do contrato, razão pela qual o Código de Defesa do Consumidor permite o contrato de massa, por outro lado, não pode o fornecedor, valendo-se da impossibilidade de o consumidor discutir as cláusulas contratuais, incluir cláusula abusiva, provocando um desequilíbrio na relação de consumo.

A proteção contra o emprego de cláusulas abusivas pelo fornecedor está prevista no art. 6º, IV, do Código de Defesa do Consumidor, como um direito básico deste. Vejamos o texto:

> Art. 6º São direitos básicos do consumidor:
>
> [...]
>
> IV – a proteção contra a publicidade enganosa e abusiva, métodos comerciais coercitivos ou desleais, bem como contra práticas e cláusulas abusivas ou impostas no fornecimento de produtos e serviços;

A fim de dar maior efetividade a esse direito básico do consumidor, de proteção contra práticas e cláusulas abusivas, o

---

inseridas nos contratos da administradora e que oneram excessivamente seus usuários, com destaque para a *cláusula mandato* (matéria publicada no *Jornal do Commercio* de 2 jul. 1999, Caderno B, Rio, p. B6).

capítulo VI do Código de Defesa do Consumidor, intitulado "Da proteção contratual", inclui uma seção (seção II) denominada "Cláusulas abusivas", na qual o legislador enumerou várias delas (art. 51).

Detaque-se, no entanto, que as cláusulas abusivas descritas no art. 51 do Código de Defesa do Consumidor não são exaustivas, tratando-se de rol meramente exemplificativo.

Por esse motivo, o Decreto nº 2.181, de 20 de março de 1997, que "dispõe sobre a organização do Sistema Nacional de Defesa do Consumidor — SNDC, estabelece as normas gerais de aplicação das sanções administrativas previstas na Lei nº 8.078, de 11 de setembro de 1990", preconiza em seu art. 56:

> Art. 56. Na forma do art. 51 da Lei nº 8.078, de 1990, e com o objetivo de orientar o Sistema Nacional de Defesa do Consumidor, a Secretaria de Direito Econômico divulgará, anualmente, elenco complementar de cláusulas contratuais consideradas abusivas, notadamente para o fim de aplicação do disposto no inciso IV do art. 22 deste Decreto.
>
> § 1º Na elaboração do elenco referido no *caput* e posteriores inclusões, a consideração sobre a abusividade de cláusulas contratuais se dará de forma genérica e abstrata.
>
> § 2º O elenco de cláusulas consideradas abusivas tem natureza meramente exemplificativa, não impedindo que outras, também, possam vir a ser assim consideradas pelos órgãos da Administração Pública incumbidos da defesa dos interesses e direitos protegidos pelo Código de Defesa do Consumidor e legislação correlata.
>
> § 3º A apreciação sobre a abusividade de cláusulas contratuais, para fins de sua inclusão no elenco a que se refere o *caput* deste artigo, se dará de ofício ou por provocação dos legitimados referidos no art. 82 da Lei nº 8.078, de 1990.

De acordo com Martins (2000:3),

> Constata-se que o legislador brasileiro preferiu, em lugar de enumerar exaustivamente as cláusulas abusivas (como o elenco do art. 1.341 do Código Civil Italiano, que a doutrina entende como taxativo, ou mesmo a lei alemã, que apresenta a lista negra e lista cinza etc.), adotar a fórmula exemplificativa, admitindo a existência de inúmeras cláusulas que não somente aquelas elencadas no art. 51 do CDC.

Considerando-se que o rol de cláusulas abusivas previsto no CDC não é exaustivo, restou responder à indagação: quando é que uma cláusula é abusiva?

Para responder a essa pergunta, mais uma vez recorremos à lição de Martins (2000:3), segundo o qual

> é necessário destacar que o Código de Defesa do Consumidor consagrou o princípio da boa-fé, constante no seu art. 4º, *caput* e inciso III, sendo que toda cláusula que infringir esse princípio é considerada como abusiva. Nesse sentido o art. 51, inciso XV do CDC estabelece que são abusivas as cláusulas que 'estejam em desacordo com o sistema de proteção ao consumidor'.
>
> É indispensável, para o controle das cláusulas abusivas, para a definição do exercício normal ou abusivo do direito, para as exigências da atuação criadora, quando o dever determina ao Juiz não só a captação da realidade social e econômica em que está sendo operado o contrato, mas também a compreensão da sua tipicidade, a aferição da lealdade das partes e, finalmente, a elaboração da norma para o caso concreto.

O CDC prevê que "os contratos que regulam as relações de consumo não obrigarão os consumidores se não lhe for dada a oportunidade de tomar conhecimento prévio de seu conteúdo, ou se os respectivos instrumentos forem redigidos de modo a dificultar a compreensão de seu sentido e alcance" (art. 46) e que "as cláusulas contratuais serão interpretadas de maneira mais favorável ao consumidor (art. 47).[15]

Cláusulas abusivas nos contratos de plano de saúde e de seguro-saúde

De acordo com o inciso IV do art. 51 do Código de Defesa do Consumidor,

> são nulas de pleno direito, entre outras, as cláusulas contratuais relativas ao fornecimento de produtos e serviços que estabeleçam obrigações consideradas iníquas, abusivas, que coloquem o consumidor em desvantagem exagerada, ou sejam incompatíveis com a boa-fé ou a equidade.

Especificamente quanto aos contratos celebrados com operadoras de saúde, o Tribunal de Justiça de Minas Gerais entendeu como abusiva a cláusula que fixa um período muito extenso de carência, no julgamento de Apelação Cível nº 364.615-1, em 1º de outubro de 2002, cuja ementa é:

> CONTRATO – CLÁUSULA ABUSIVA – PLANO DE SAÚDE – CARÊNCIA – PERÍODO MUITO EXTENSO – DESVANTAGEM EXAGERADA E ONEROSIDADE EXCESSIVA AO CONSUMIDOR – AÇÃO ANULATÓRIA. RELAÇÃO DE CONSUMO – FUNÇÃO SOCIAL DO CONTRATO – INVALIDADE – RECURSO NÃO PROVIDO.

---

[15] Art. 47 do Código de Defesa do Consumidor (CDC) e arts. 112 e 423 do Código Civil (CC).

> Sabe-se que uma das finalidades do Código de Defesa do Consumidor é assegurar o equilíbrio entre as partes, pelo que possível do ponto de vista da equidade a revisão do contrato adesivo, não havendo que prevalecer sempre a tese do *pacta sunt servanda*.
>
> As cláusulas que limitam ou restringem procedimentos médicos, especialmente limitando as internações hospitalares, a permanência em UTI's e similares, presentes nos contratos antigos e excluídos expressamente pelos arts. 10 e 12, da Lei 9.656/98, são nulas por contrariarem a boa-fé, como esclarece a própria lei, pois criam uma barreira à realização da expectativa legítima do consumidor, contrariando prescrição médica.
>
> O contrato, na relação de consumo, deve ser visto em razão de sua função social, não mais sendo atribuído primado absoluto à autonomia da vontade.
>
> Em decorrência da função social, revela-se abusiva a cláusula que, em contrato de plano de saúde, exclui de cobertura as próteses necessárias ao restabelecimento da saúde.

Nesta mesma linha de pensamento, a 4ª Turma do Superior Tribunal de Justiça, no julgamento do Recurso Especial nº 361.415/RS, relatado pelo ministro Luis Felipe Salomão, julgado em 2 de junho de 2009, reconheceu como abusiva a cláusula limitativa de tempo de internação em UTI, conforme o acórdão a seguir.

> RECURSO ESPECIAL. PLANO DE SAÚDE. CLÁUSULA LIMITATIVA DO TEMPO DE INTERNAÇÃO EM UTI. ABUSIVIDADE MANIFESTA. SÚMULA Nº 302/STJ. COMUNICAÇÃO DE QUE O PRAZO DE INTERNAÇÃO ESCOOU. NÃO INTERRUPÇÃO DO TRATAMENTO MÉDICO. DANO MORAL INEXISTENTE. MERO DISSABOR. PREJUÍZO PATRIMONIAL NÃO DEMONSTRADO. RECURSO ESPECIAL CONHECIDO EM PARTE E, NA EXTENSÃO, PROVIDO.

1. A Segunda Seção desta Corte firmou entendimento segundo o qual são abusivas as cláusulas de contrato de plano de saúde limitativas do tempo de internação, "notadamente em face da impossibilidade de previsão do tempo da cura, da irrazoabilidade da suspensão do tratamento indispensável, da vedação de restringir-se em contrato direitos fundamentais e da regra de sobredireito, contida no art. 5º da Lei de Introdução ao Código Civil, segundo a qual, na aplicação da lei, o juiz deve atender aos fins sociais a que ela se dirige às exigências do bem comum". Súmula 302/STJ.
2. No caso, porém, a recusa da empresa de saúde não foi materializada por nenhum ato concreto. Limitou-se a prestação de informações de que o plano de saúde não cobria internações em UTI superiores a 10 (dez) dias, sem interrupção do tratamento médico da segurada, não sendo capaz de infligir ao autor sofrimento ou dor moral relevantes além daqueles experimentados pela própria situação de enfermidade pela qual passava sua esposa.
3. Por outro lado, o autor não experimentou qualquer prejuízo pecuniário concreto, mas apenas uma "cobrança amigável" do hospital. Ademais, as instâncias ordinárias não se manifestaram acerca da existência de qualquer dano material, não podendo esta Corte investigar a sua existência sob pena de afronta ao Verbete Sumular nº 7.
4. Especial parcialmente conhecido e, na extensão, provido, apenas para reconhecer a nulidade da cláusula contratual limitativa do tempo de internação.

Como visto, as decisões mostram que, infelizmente, ainda ocorrem muitas violações aos direitos do consumidor nos contratos de plano e seguro saúde, notadamente aquelas que implicam limitação de direitos.

Visando impedir que tais cláusulas limitativas de direito sejam mescladas em outras a fim de lesar o consumidor, o art. 54, §4º, do CDC diz que "as cláusulas que implicarem limitação de direito do consumidor deverão ser redigidas com destaque, permitindo sua imediata e fácil compreensão".

Por haver violado o disposto no mecionado artigo, a 5ª Câmara Cível do Tribunal de Justiça do Rio Grande do Sul, na Apelação Cível nº 70.025.030.974, em acórdão relatado pelo magistrado Jorge Luiz Lopes do Canto, julgado em 13 de agosto de 2008, assim decidiu:

> APELAÇÃO CÍVEL. SEGURO. PLANO DE SAÚDE. TOMOGRAFIA DE ADERÊNCIA ÓPTICA. AUSÊNCIA DE CLÁUSULA DE EXCLUSÃO DE COBERTURA. APLICAÇÃO DO CÓDIGO DE DEFESA DO CONSUMIDOR. DEVER DE INFORMAR.
>
> 1. Os planos ou seguros de saúde estão submetidos às disposições do Código de Defesa do Consumidor, enquanto relação de consumo atinente ao mercado de prestação de serviços médicos, razão pela qual se aplica o disposto no art. 35 da Lei 9.656/98 ao caso em tela, decorrente de interpretação literal e mais benéfica à parte autora.
>
> 2. Não há qualquer referência expressa no contrato entabulado entre as partes de exclusão de cobertura da tomografia de aderência óptica, serviço que originou a presente ação.
>
> 3. Restrições de direito devem estar expressas, legíveis e claras no contrato, o que não ocorreu no caso em tela, em afronta ao dever de informar consagrado na legislação consumerista. Ressalte-se que a vedação de cobertura não consta taxativamente no contrato, e cláusulas restritivas de direito não dão margem a interpretações extensivas.
>
> 4. A omissão no contrato quanto à exclusão de cobertura deve ser interpretada de forma favorável ao consumidor, uma vez

que a negativa do apelante não se pautou em determinação contratual. Inteligência do art. 47 do Código de Defesa do Consumidor.

Como verificamos, a relação de consumo na prestação dos serviços de saúde estabelecida pela doutrina e pela jurisprudência veio garantir muitos direitos dos cidadãos na esfera da saúde. No entanto, essa relação tem reflexos na responsabilização civil dos prestadores de serviço, o que será analisado no capítulo que se segue.

3

Responsabilidade civil na saúde

O objetivo do direito é proteger o correto, o tido como lícito para a ordem jurídica e inibir o ilícito, aquilo que estiver em desconformidade com a ordem jurídica, segundo lição de Santiago Dantas.

Surge, assim, a questão da responsabilidade civil. Todas as vezes que há violação a um dever jurídico, àquilo que externamente é imposto à sociedade para que seja possível a convivência social, surge um novo dever jurídico: o de reparar o dano causado.

Conceituação de responsabilidade civil

Conforme preceitua Cavalieri Filho (2014:14),

> a violação de um dever jurídico configura o ilícito, que, quase sempre, acarreta dano para outrem, gerando um novo dever jurídico, qual seja, o de reparar o dano. Há, assim, um dever jurídico originário, chamado por alguns de primário, cuja vio-

lação gera um dever jurídico sucessivo, também chamado de secundário, que é o de indenizar o prejuízo.

Varela (1997:240) nos oferece o seguinte conceito: "O dano, para efeito da responsabilidade civil, é toda lesão nos interesses de outrem tutelados pela ordem jurídica, quer os interesses sejam de ordem patrimonial, quer sejam de caráter não patrimonial".

Resumindo: "responsabilidade civil é um dever jurídico sucessivo que surge para recompor o dano decorrente da violação de um dever jurídico originário" (Cavalieri Filho, 2014:14).

Conclui-se, então, que é a obrigação descumprida que gera a responsabilidade.

Apesar de muitas vezes serem tratadas como sinônimos, obrigação e responsabilidade devem ser diferenciadas, posto que exprimem situações juridicamente diferentes. A obrigação surge da lei ou da vontade das pessoas (contrato). Por seu turno, a responsabilidade surgirá quando a obrigação, seja legal ou contratual, não for observada. Assim sendo, a responsabilidade nada mais é do que o dever de indenizar o dano experimentado em razão do descumprimento de obrigação.

A palavra responsabilidade deriva do latim *re-spondere*, que traduz a ideia de compensar, recompor. Tem, então, o significado de restituir, de ressarcir o que foi lesado em virtude do descumprimento da obrigação.

No âmbito civil, a responsabilidade é patrimonial. Ou seja, aquele que descumprir obrigação prevista em lei ou em contrato responderá com seu patrimônio pelos danos decorrentes da referida desobediência, objetivando a reabilitação integral do lesado (princípio da *restitutio in integrum*). De tal sorte, caso inexista patrimônio, a reparação não será possível.

O mesmo não acontece na esfera criminal. Nessa, responde-se com privação de liberdade. Na esfera da responsabilidade civil, não existe a possibilidade de punição com pena de prisão, exceto para o depositário infiel[16] e para o devedor de alimentos. Apesar da previsão legal, o Supremo Tribunal Federal, em julgamento de Recurso Extraordinário (RE nº 466.343-SP), firmou entendimento de que não é mais cabível a pena privativa de liberdade no caso de depositário infiel (Gomes, 2008).

Na lição de Lyra (2000:40), "a responsabilidade penal é perante a sociedade. A responsabilidade civil, conquanto fundada também no interesse social, é perante o lesado".

Revelando seu caráter econômico-financeiro, a reparação civil se expressa na prestação, pelo ofensor ao prejudicado, de maneira a recompor a situação à forma na qual se encontrava anteriormente à lesão sofrida, ao dano causado. A composição é feita por uma indenização em espécie.

Na visão de Serpa Lopes (1996:423),

> ao prejudicado assiste o direito de exigir uma importância destinada a reequilibrar sua posição jurídica, de modo a tanto quanto possível retornar o estado em que se encontraria, se o devedor houvesse realizado a prestação no tempo e na forma devidos.

Responsabilidade contratual e extracontratual

Como vimos, a responsabilidade deriva do descumprimento de obrigação oriunda da lei ou daquela decorrente de contrato, ou seja, da vontade das pessoas.

[16] Depositário infiel é aquele que recebe a incumbência judicial ou contratual de zelar por um bem, mas não cumpre sua obrigação e deixa de entregá-lo em juízo, de devolvê-lo ao proprietário quando requisitado ou não apresenta o seu equivalente em dinheiro na impossibilidade de cumprir as referidas determinações.

Se A e B celebram um contrato para regular seus interesses particulares, é natural que, caso haja descumprimento de alguma cláusula pactuada, o inadimplente venha a responder pela não observância. Surge assim a responsabilidade contratual. Nessa, não se fala em infração a uma norma jurídica, mas na inobservância ao que foi convencionado pelas partes contratantes.

Da mesma forma, caso alguém venha a desobedecer ao estabelecido pela lei — que a todos nós obriga (efeito que se denomina *erga omnes*), em razão de seu caráter social e utilidade comum —, será responsabilizado. É a chamada responsabilidade extracontratual ou aquiliana.[17]

Resumindo: a responsabilidade contratual deriva de infração a dever contratual. A extracontratual decorre de desobediência a uma imposição legal.

Verifica-se que na responsabilidade contratual já existe uma ligação obrigacional entre ofensor e ofendido, estabelecida pelo acordo de vontades firmado entre eles. Na responsabilidade extracontratual, não há qualquer ligação entre o autor do dano e aquele que o sofre. A ligação somente ocorrerá posteriormente, em decorrência do próprio dano.

A seguir analisaremos os tipos de obrigação quanto às suas consequências no âmbito da regularização.

Obrigação de meio e obrigação de resultado

Analisamos que, quando descumpridas, as obrigações geram o dever indenizatório.

---

[17] A denominação surge em razão da Lex Aquilia (século III a.C.). A referida lei, no direito romano, cuidou de estabelecer bases jurídicas para a responsabilidade civil, criando uma forma pecuniária e tarifada de indenização do dano. Aparece um quadro de retribuições para cada tipo de dano. Anteriormente, aplicava-se a Lei de Talião ("Olho por olho, dente por dente"), que se baseava na possibilidade de fazer-se vingança com as próprias mãos.

Faz-se necessário estabelecer que existem, no mundo jurídico, duas espécies de obrigações: as obrigações de meio e as obrigações de resultado.

Nas primeiras, não há obrigação de atingimento de determinado resultado. A obrigação se perfaz pela utilização correta de todos os meios, de todas as ferramentas e instrumentos para alcance de determinado fim. Assim sendo, somente haverá responsabilidade e, consequentemente, a geração do dever indenizatório, quando os referidos meios não forem adequadamente utilizados. Em outras palavras, a obrigação resume-se ao eficiente emprego das ferramentas necessárias ao alcance do resultado esperado, não havendo conduta punível caso este não seja atingido.

Nas obrigações de resultado, por outro lado, faz-se imperioso o alcance do resultado anunciado. Caso este não seja atingido, haverá conduta punível, ou seja, surgirá o dever reparatório.

Como exemplo do primeiro caso, temos a obrigação do advogado. Este se obriga a usar os instrumentos suficientes ao êxito de seu cliente em determinada demanda judicial. Porém, caso não consiga "ganhar a causa", não responderá pelo fracasso.

Para ilustrar o segundo caso, temos a obrigação do construtor. Classicamente, essa é uma obrigação de resultado. Na construção civil o que cabe única e exclusivamente é a perfeição da obra, em plenas condições de solidez e habitabilidade. Ou seja, o resultado estimado deve ser alcançado, não bastando a utilização das ferramentas, sob pena da responsabilização civil.

A natureza obrigacional da relação médico-paciente

A obrigação decorrente da relação entre médico e paciente, excetuando algumas especialidades, como a cirurgia plástica estética, é uma obrigação de meio, decorrente de um contrato *sui generis*.

Assim, o cabível é a utilização pelo médico de todos os meios, de todos os instrumentos disponíveis pela ciência da atualidade (atendidos os critérios de razoabilidade), visando à cura do paciente. Entretanto, caso isso não seja possível, não incidirá sobre o profissional a responsabilidade. Acontece dessa forma em virtude de haver, de maneira intrínseca à relação médica, a presença da *alea* (possibilidade), do imponderável, daquilo que não se consegue gerenciar. A dor, a morte, as patologias são intrínsecas à natureza humana. Não é razoável, portanto, que o médico, posto que não dotado de poderes divinos, possa responsabilizar-se além da eficiente utilização do ferramental disponibilizado pela ciência.

O entendimento de Serpa Lopes (1996:264-5) é esclarecedor:

> De qualquer modo, pouco importa a natureza do contrato que vincula o profissional e seu cliente, pouco importa que se trata (*sic*) de uma responsabilidade contratual ou extracontratual; de qualquer modo, em se tratando de uma obrigação de meios, ao prejudicado é que incumbe o ônus probatório da infringência dessas obrigações.

Também é relevante destacar que os deveres do médico, nascidos da relação contratual que se estabelece entre este e seu paciente, situam-se em três momentos: antes do início do tratamento, durante e mesmo ao término do tratamento.

Como vimos, o descumprimento de uma obrigação enseja a responsabilização do agente. A seguir analisaremos os tipos de responsabilidade aplicados às relações de consumo na saúde.

Responsabilidade objetiva e subjetiva

A responsabilidade sempre esteve estreitamente ligada à ideia de culpa, ou seja, somente haveria o dever reparatório quando o descumprimento da obrigação se desse em virtude de negligência, imprudência ou imperícia. Em outras palavras, somente haveria responsabilidade quando houvesse culpa, em uma ou mais de uma de suas modalidades.

Na sociedade moderna, em razão do desenvolvimento industrial, afastou-se essa concepção clássica. Assim, surge a responsabilidade objetiva. Nesta, possibilita-se a responsabilização e, consequentemente, a reparação do dano, mesmo quando a conduta do ofensor é isenta de culpa.

Na responsabilidade subjetiva é imprescindível a perseguição de culpa. Ou seja, há que se verificar se a conduta do agente foi negligente, isto é, se foi ele omisso, se deixou de fazer quando deveria ter feito; imprudente, ou seja, se tratou a situação de forma açodada (fez, mas sem o devido zelo, sem o dever de cuidado); ou, ainda, se agiu com imperícia, isto é, fez, porém sem o devido preparo técnico e/ou prático.

Dessa forma, há um pressuposto para a responsabilização subjetiva: essa somente ocorrerá quando a culpa for verificada.

Na responsabilidade objetiva não é necessária a persecução da culpa; sua verificação torna-se dispensável. Para que haja a responsabilidade basta que se vislumbre o nexo causal, também denominado nexo de causalidade. Isso significa uma relação entre a conduta do agente e o dano experimentado, ou seja, uma relação de causa e efeito entre os dois. Explicamos: basta que se faça a conferência da ligação entre a conduta de um, de maneira a proporcionar a lesão no outro, sem a necessidade do exame da culpa. Sendo assim, saber se houve negligência, imperícia ou imprudência é irrelevante.

Veremos a seguir como a responsabilização subjetiva é aplicada aos profissionais liberais, neles incluídos os profissionais de saúde.

Responsabilidade subjetiva dos profissionais liberais

Enquanto a responsabilidade objetiva não requer a verificação da existência de culpa, na responsabilidade subjetiva a culpa é pressuposto para a responsabilização pelo dano. Nesses casos, é imprescindível atestar se a conduta do agente é negligente, imperita e/ou imprudente. Caso não esteja presente a culpa, em uma ou mais de uma de suas modalidades, não há que se falar em responsabilidade.

A legislação definiu a hipótese na qual a responsabilidade subjetiva será a regra. É o caso da responsabilidade dos profissionais liberais.

Nosso Código de Defesa do Consumidor expressa no §4º do art. 14 que: "A responsabilidade pessoal dos profissionais liberais será apurada mediante a verificação de culpa".

Especificamente, no que concerne à atividade médica, diz o art. 951 do Código Civil: "O disposto nos arts. 948, 949 e 950 aplica-se ainda no caso de indenização devida por aquele que, no exercício de atividade profissional, por negligência, imprudência ou imperícia, causar a morte do paciente, agravar-lhe o mal ou inabilitá-lo para o trabalho".

Assim sendo, para imputação de responsabilidade aos profissionais liberais deve-se atestar a culpa. De tal sorte que, a título de ilustração, o médico que esquece uma pinça no abdômen do doente é negligente; o dentista que, no ato de uma simples restauração, perfura a língua do paciente é imperito; o médico que prescreve medicamentos sem exame clínico é imprudente.

Deve ser frisado que o que se tutela aqui não são as profissões liberais, e sim os *profissionais* liberais, tais como médicos, fonoaudiólogos, fisioterapeutas, dentistas e farmacêuticos. O que importa é que estes não tenham por trás de si a robustez de uma instituição, que efetivamente atuem como liberais. Assim sendo, caso vários médicos ou cirurgiões atuem em grupo, apesar de não perderem sua condição liberal, deixam de ter a apuração de sua responsabilidade de forma subjetiva.

A seguir abordaremos alguns aspectos especiais na responsabilização civil ligados ao risco e aos deveres de segurança e de informação.

O risco criado

Entre as diversas teorias que fundamentam a responsabilidade subjetiva, a que melhor se adapta à responsabilidade na área de saúde é a teoria do risco criado.

Pereira (2001:25) sintetiza a teoria do risco criado da seguinte forma: "aquele que, em razão de sua atividade ou profissão, cria um perigo, está sujeito à reparação do dano que causar".

Dentro desse entendimento, a partir do momento em que alguém empreende no mercado, responde pelos eventos danosos decorrentes de sua atividade, independentemente do dano ter advindo de negligência, imprudência ou imperícia. Desse modo, todo prejuízo deve ser atribuído ao seu agente e por este reparado, independentemente de ter ele agido com culpa.

O risco do desenvolvimento

Benjamin (1991:67) explica o risco do desenvolvimento como sendo aquele

> que não pode ser cientificamente conhecido no momento do lançamento do produto no mercado, vindo a ser descoberto somente após um certo período de uso do produto e do serviço. É defeito que, em face do estado da Ciência e da Técnica à época da colocação do produto ou serviço em circulação, era desconhecido e imprevisível.

O diploma consumerista (CDC) também assim dispõe, em seu art. 14, §2º: "O serviço não é considerado defeituoso pela adoção de novas técnicas".

Os danos causados por alguns medicamentos nos trazem exemplos da teoria do desenvolvimento. Foi noticiado na edição nº 1.874, de 6 de outubro de 2004, da revista *Veja*, p. 88:

> Consumido por 84 milhões de pessoas em mais de oitenta países, o anti-inflamatório Vioxx transformou-se em um dos carros-chefe do laboratório americano Merck & Co. Só no ano passado, as vendas de Vioxx movimentaram 2,5 bilhões de dólares em todo o mundo [...]. Por iniciativa própria, o seu fabricante determinou a retirada do Vioxx do mercado, inclusive o brasileiro. O motivo: o consumo diário de 25 miligramas do remédio, por mais de dezoito meses, dobra os riscos de infartos e derrames. No Brasil, o Vioxx liderava a lista dos anti-inflamatórios mais vendidos [...]. Até quarenta anos atrás, as experiências com um remédio praticamente se encerravam antes de ele ser lançado. Depois de tragédias como a da talidomida, as autoridades sanitárias passaram a exigir que os fabricantes fossem mais rigorosos no controle da segurança de seus medicamentos mesmo após sua chegada às farmácias [...]. O alerta para os riscos do Vioxx surgiu justamente a partir de um estudo em que o laboratório testava a eficácia do medicamento contra a recorrência de pólipos em pacientes com histórico de câncer colorretal.

Há, portanto, o entendimento de que, em tais casos, não deve responder o fornecedor, sob pena de dificultar o avanço científico e tecnológico, inibindo a adoção de novas técnicas e novos produtos no mercado.

Coelho (1994:84) esclarece melhor a teoria:

> ao fornecer no mercado consumidor produto ou serviço que, posteriormente, apresenta riscos cuja potencialidade não pôde

ser antevista pela ciência ou tecnologia, o empresário não deve ser responsabilizado com fundamento nem na periculosidade (pois prestou informações sobre os riscos adequados e suficientes), nem na defeituosidade (porque cumpriu o dever de pesquisar).

Contrariando a interpretação majoritária, Cavalieri Filho (2014:566) entende que os riscos do desenvolvimento devem ser enquadrados como fortuitos internos, ou seja, são riscos integrantes da atividade do fornecedor. E, dessa forma, não ilidem sua responsabilidade.

Comungando do entendimento deste jurista, também aponta o Enunciado nº 43 da Jornada de Direito Civil promovida pelo Centro de Estudos do Conselho da Justiça Federal (Brasília, set. 2002): "A responsabilidade civil pelo fato do produto, prevista no art. 931 do novo Código Civil, também inclui os riscos do desenvolvimento".

Dever de segurança

Deve-se atentar para o fato de que mera possibilidade de perigo, decorrente do risco da atividade, não gera a responsabilidade. A imputação de responsabilidade pressupõe a existência efetiva de um dano, este decorrente da violação de um dever jurídico, qual seja, o dever de segurança.

O parágrafo único do art. 927 do Código Civil explicita: "Haverá obrigação de reparar o dano, independentemente de culpa, nos casos especificados em lei, ou quando a atividade normalmente desenvolvida pelo autor do dano implicar, por sua natureza, risco para os direitos de outrem".

Ora, em toda atividade e, principalmente, na área médica, apesar de sua natureza curativa, vislumbra-se um risco e potencial perigo.

Dessa forma, a fim de verificar quando haverá o dever reparatório, valemo-nos do Enunciado nº 38, decorrente da Jornada de Direito Civil, promovida pelo Centro de Estudos do Conselho da Justiça Federal (Brasília, set. 2002), com o seguinte teor:

> A responsabilidade fundada no risco da atividade, como prevista na segunda parte do parágrafo único do art. 927 do novo Código Civil, configura-se quando a atividade normalmente desenvolvida pelo autor do dano causar a pessoa determinada um ônus maior do que aos demais membros da coletividade.

Concluímos, então, que, para o direito, somente será tido como inseguro o que ultrapassar as barreiras da normalidade e da previsibilidade. Dessa forma, só as condutas anormais e previsíveis serão puníveis.

Excludentes de responsabilidade

Em razão da responsabilidade objetiva e não sendo cabível a discussão em torno da culpa, o causador do dano somente afastará sua responsabilidade indenizatória se comprovar uma das causas que afastam o nexo de causalidade.

Estabelece o art. 14, §3º, incisos I e II, do Código de Defesa do Consumidor que:

> O fornecedor de serviços só não será responsabilizado quando provar:
> I – que, tendo prestado o serviço, o defeito inexiste;
> II – a culpa exclusiva do consumidor ou de terceiro.

Apesar de a legislação consumerista somente prever as anteriormente citadas causas de exclusão de responsabilidade, o Código Civil, em seu art. 393 e parágrafo único, traz que os eventos de força maior ou aqueles decorrentes de caso fortuito também afastarão a responsabilidade em decorrência de sua imprevisibilidade e inevitabilidade.

A ocorrência de força maior é facilmente entendida: trata-se de eventos da natureza que, por sua característica natural, são inevitáveis, embora possam ser previsíveis em algumas ocasiões.

Caso fortuito divide-se em duas espécies: fortuito interno e fortuito externo. Os dois casos guardam as características de imprevisibilidade, embora possam ser evitáveis em algumas ocasiões. Entretanto, o fortuito interno guarda uma ligação direta com o produto ou serviço, está dentro da esfera de gerenciamento do fornecedor, exatamente em decorrência da relação entre atividade-fim e dano ocorrido. E, por assim ser, não exclui a responsabilidade.

Já o fortuito externo não guarda qualquer relação com o produto ou com o serviço e, por isso, exclui a responsabilidade.

Como já mencionado, uma vez verificado um dano e comprovado o nexo de causalidade entre este e uma ação ou omissão, configura-se a obrigação de indenizar, como veremos a seguir.

A composição indenizatória

Conforme já discutido, a responsabilidade deriva do descumprimento de obrigação oriunda da lei ou daquela decorrente de contrato, ou seja, da vontade das pessoas. Instalada a responsabilidade, surge o dever indenizatório. É o que iremos analisar neste momento: como compor a indenização.

A composição indenizatória se perfaz pela cumulação de danos materiais e danos morais, sendo certo que a citada cumulação é perfeitamente cabível,[18] bastando haver ajuste ao caso concreto.

Haverá dano material quando ocorrer afronta à segurança física e/ou patrimonial do paciente. A verba indenizatória, a título de danos materiais, se perfaz pela cumulação de danos emergentes mais lucro cessante.

É importante frisar que a indenização por danos materiais requer prova. Ou seja, tudo aquilo que se perdeu (danos emergentes) e tudo o que se deixou de ganhar (lucro cessante) tem que ser devidamente comprovado.

Por seu turno, a indenização por danos morais ocorrerá quando a dignidade, a intimidade, os aspectos psíquicos do paciente forem atingidos.

Dada a natureza subjetiva dos danos morais, estes não têm que ser provados. Sua ocorrência estará caracterizada por uma presunção, embutida no próprio ato lesivo. Explica-se: o juiz, ao verificar a possibilidade da ocorrência de dano moral, confere se qualquer pessoa que sofresse o alegado iria sentir-se afetada em sua dignidade, em sua honra. Caso a resposta seja positiva, estaremos diante de um dano moral.

Visto o caráter de subjetividade envolvido no dano moral, a quantificação da indenização também fica ao arbítrio do juízo, que deve atribuir um valor capaz de compensar a vítima pela lesão suportada, além de punir o ofensor por sua conduta maléfica.

Embora parte da jurisprudência entenda que o dano estético foi englobado pelo dano moral após 1988, vale ressaltar que outra parte da jurisprudência ainda entende a possibilidade de cumulação de ambos, por considerar o dano estético uma categoria autônoma na reparação de danos.

---

[18] Súmula nº 37 do STJ: "São cumuláveis as indenizações por dano material e dano moral oriundos do mesmo fato".

Para ilustrar o que mencionamos, temos a lição de Pereira (2001:339): "Na ausência de um padrão ou de uma contraprestação que dê o correspectivo da mágoa, o que prevalece é o critério de atribuir ao Juiz o arbitramento da indenização".

O Superior Tribunal de Justiça traz a seguinte orientação:

> O dano moral resulta do próprio evento que, segundo o acórdão recorrido, acarretou trauma psíquico, gerando a obrigação de indenizar a esse título. O valor do dano moral, como reiterado em diversos precedentes, deve ficar ao prudente critério do Juiz, considerando as circunstâncias concretas do caso.[19]

A possibilidade de o consumidor receber uma indenização por um dano sofrido tem sido uma grande ameaça aos profissionais de saúde que, muitas vezes, executam suas tarefas em condições adversas de urgência e poucos recursos materiais. Abordaremos a seguir alguns dos motivos que incentivaram um crescente número de ações judiciais na área da saúde e as consequências desse cenário litigioso na prestação dos serviços de saúde.

A judicialização da saúde

Para finalizar este capítulo, trazemos ao leitor alguns aspectos específicos que serviram de base para que o setor saúde esteja atualmente submetido a um grande número de processos judiciais.

Atualmente há, no Superior Tribunal de Justiça (STJ), terceira instância de prestação jurisdicional, aproximadamente

[19] STJ — REsp no 174.382/SP. Terceira Turma. Relator: ministro Carlos Alberto Menezes Direito (*DJU* 13 dez. 1999).

444 processos relacionados a práticas de saúde, especialmente à prática médica, pendentes de julgamento, como demonstrado no "Anexo A" ao final deste livro.

Nesse sentido, podemos destacar a fragilização da relação médico-paciente e o não cumprimento da obrigação de informar.

Relação médico-paciente

Até o final dos anos 1980, há aproximadamente duas décadas, a pessoa do médico era merecedora de respeito e admiração incondicionados por parte de qualquer indivíduo em nossa sociedade. Todos se referiam ao médico como um profissional especial, dedicado, responsável, abnegado em sua tarefa de cuidar da saúde daqueles que o procuravam em total e absoluta confiança.

Suas ações não eram questionadas pelos pacientes e, muito menos, pelos familiares, de modo a permitir que esses profissionais exercessem suas tarefas diárias guiados apenas por sua ética e sua consciência (Barros Júnior, 2007:73).

As mudanças sociais, com o advento da previsão constitucional, em 1988, de vários direitos até então adormecidos na percepção das pessoas, aos poucos trouxeram outro enfoque na relação entre os profissionais de saúde e seus pacientes.

Somada a isso, tivemos uma alteração profunda nessa relação, decorrente do fato de esses serviços passarem a ser remunerados por operadoras e por planos de saúde na prestação de serviços dessa natureza, e não mais pelo paciente diretamente ao médico ou outro prestador de serviços de saúde.

Anteriormente, o paciente buscava os serviços de profissionais de saúde por uma indicação de confiança por parte de um amigo ou familiar, e ele próprio, paciente, efetuava o pagamento por tais serviços. Atualmente a indicação vem em um livro listando os profissionais credenciados pela operadora ou pelo plano de saúde, e a contraprestação do serviço efetuado também é realizada por quem fez a indicação.

Tais mudanças foram decorrentes do crescente aumento dos custos de serviços de saúde, oriundos do avanço tecnológico nos meios de diagnóstico e tratamento, que tornaram praticamente impossível a um cidadão, mesmo de classe econômica média ou média-alta, custear os gastos com a manutenção de sua saúde.

Por outro lado, os profissionais de saúde passaram a ser remunerados por operadoras e por planos de saúde mediante tabelas de honorários não condizentes com o tempo necessário a um atendimento adequado aos seus pacientes, o que ocasionou a prática de atendimentos breves. A medicina personalizada cedeu lugar à medicina de massa, que ignora os valores do homem como pessoa e como ser social.

Esses aspectos interferiram profundamente na relação entre médico e paciente.

Além disso, a classificação da prestação de serviços de saúde como uma relação de consumo após o Código de Defesa do Consumidor (CDC)[20] reduziu o médico profissional de saúde à qualidade de "profissional prestador", sendo o paciente o "cliente usuário".[21]

A partir daí vemos o profissional de saúde ficar sujeito a demandas judiciais fundadas em possíveis desobediências aos preceitos da legislação consumerista.

Desde então, o exercício livre, consciencioso e útil da arte de curar está ameaçado pelo medo constante que o profissional de saúde tem em propiciar a seus pacientes, agora clientes usuários, avanços tecnológicos e terapêuticos que, em muitos

[20] Lei nº 8.078/1990 (Código de Defesa do Consumidor).

[21] Ver Resolução nº 1.647/2002, do CFM (Conselho Federal de Medicina), em <www.portalmedico.org.br>.

casos, significariam a diferença entre a cura e a perpetuação da doença, seguida de morte.

Isso porque o atual ordenamento jurídico exige que os médicos saibam e informem os pacientes de todos os riscos existentes em condutas terapêuticas. Entretanto, o estado da arte de terapêuticas mais avançadas não possui ainda o histórico dos riscos que possa apresentar. Assim, muitos profissionais de saúde ficam impedidos de utilizar essas técnicas avançadas por não poderem informar todos os possíveis riscos decorrentes das mesmas, nos detalhes exigidos pela legislação consumerista.

Esse posicionamento receoso por parte dos profissionais de saúde acarreta, por sua vez, uma desconfiança por parte dos pacientes, que passaram a encarar o atendimento médico como uma mera prestação de serviços em relação à qual devem se certificar se o valor pago realmente correspondeu à satisfação pelo serviço prestado (Panasco, 1984:39).

A insuficiente remuneração dos serviços médicos pelas operadoras e pelos planos de saúde fez com que a atuação do médico passasse a ser mecânica. Os médicos correm muito entre um trabalho e outro para ganhar salários somatórios que lhes permitam, entre outras coisas, atualização científica satisfatória. Muitos não conseguem atingir essa meta e, simplesmente, continuam a praticar a medicina sem a atualização necessária.

Nesse contexto, há desdobramentos no tocante à relação dos médicos e dos pacientes com os prestadores de serviço e com as operadoras e planos de saúde.

Quem fornece o serviço (prestadores) precisa receber de quem paga (operadoras e planos). Para que isso ocorra, a prestação do serviço tem que se adequar aos requisitos e às exigências dos pagadores ou estará sujeita a glosas. Assim, nem o médico — que viabiliza a prestação do serviço — nem o paciente — que recebe o serviço prestado — podem interferir nessa relação entre prestadores e operadoras/planos, sendo isso fonte de grande angústia para médicos e pacientes.

No tocante aos serviços médicos prestados em hospitais públicos, essa angústia é ainda maior. A falência do sistema público de saúde faz com que inúmeras pessoas morram ou tenham suas doenças agravadas antes de ser atendidas nesses hospitais. Os profissionais de saúde que lá trabalham têm que se sujeitar a atender pacientes sem condições básicas de infraestrutura, seja quanto à falta de equipamento e material necessário a um bom atendimento, seja devido à carga de trabalho decorrente da evasão de profissionais motivada por baixos salários.

Todos esses aspectos abordados são parte de um cenário que destruiu a relação médico-paciente, sendo essa destruição considerada o motivo principal para o grande aumento das demandas judiciais na área de saúde.

A literatura médica jurídica é unânime quando atribui à ruptura de relação médico-paciente e à grande insatisfação gerada por essa ruptura a maioria das ações judiciais na área de saúde.

Tanto os médicos quanto os pacientes estão descontentes com esse estado de coisas: os primeiros não querem se sentir como meros prestadores de serviço, e os segundos não se conformam com a posição de meros usuários. Ambos anseiam por uma relação ética e respeitosa, com afetividade e reconhecimento por ambas as partes (Teixeira, 2000:25-6).

Por todo o exposto é necessário que seja feita uma reflexão profunda sobre a importância da restauração da relação de confiança entre médicos e pacientes, para que a prestação de serviços de saúde não fique sujeita a essa falta de comunicação entre as partes, o que acarreta um ambiente de desconfiança mútua e de litígio.

O médico, apoiado no que for necessário por instituições de saúde onde trabalha e por operadoras e planos que o credenciam, deve investir mais nessa relação, dando mais atenção ao paciente e tendo tempo de esclarecer a ele e a seus familiares que os sucessos ou fracassos de um tratamento podem advir de fatores alheios à vontade de ambas as partes, que nem sempre são previsíveis e, se previsíveis, nem sempre podem ser evitados (Barros Júnior, 2007:81).

Tal medida com certeza beneficiaria também a relação entre os pacientes e as instituições de saúde e entre os pacientes e as operadoras e os planos de saúde.

Na relação médico-paciente um dos deveres mais importantes do profissional é o de informar e obter o consentimento do paciente para um procedimento ou tratamento. Analisaremos a seguir as características desse dever de informar.

Dever de informação

Em sede de responsabilidade civil médica, deve-se atentar para o fato de ser necessária, além do cumprimento do dever de segurança, a obediência ao dever de informar.

O dever de informação para a área de saúde se manifesta pelo consentimento informado. Neste, o profissional médico, além de buscar autorização para tratar o paciente, informa diagnóstico, prognóstico, riscos e objetivos do tratamento.

Vaz (2001:23-4) esclarece que:

> além dos deveres de tratar, de agir segundo as *legis artis*, de organizar o processo clínico e de observar sigilo na consecução do tratamento, o médico deve respeitar o paciente, dever este que se desdobra nos de informar, confirmar o esclarecimento e obter o consentimento.

No entendimento do doutrinador, o consentimento para o ato médico é a autorização para atuar na esfera físico-psíquica do paciente, com o propósito de melhorar a saúde do próprio enfermo ou de terceiro (Vaz, 2001:25).

Entende-se que a ausência do termo de consentimento informado constitui lesão autônoma, na medida em que fere o direito geral de personalidade. Ou seja, mesmo que a segurança não tenha sido efetivamente atingida, caso o dever de informação tenha sido descumprido, haverá dano. A título de exemplo, podemos pensar em um procedimento cirúrgico no qual foi necessária a extirpação de um órgão do paciente para manutenção de sua vida. Apesar de o procedimento ter sido seguro – tutelou-se a vida, bem maior –, caso tenha sido feito à revelia do paciente ou de sua família, sem a necessária comunicação e esclarecimentos, terá havido lesão.

Outro caso recente ilustra a falha na informação. Conforme noticiado no jornal *O Globo*, em 6 de novembro de 2009, em Brasília um dentista foi acusado de ter extraído todos os dentes de um portador de necessidades especiais. O profissional alega que o procedimento era necessário em razão de todos os dentes estarem comprometidos. A família do rapaz de 35 anos afirma que somente dois dentes deveriam ter sido extraídos.

O que se discute, entretanto, é a falha no dever de informação. Mesmo que, eventualmente, fosse imperiosa a extração, a mãe do paciente, senhora analfabeta, deveria ter sido claramente informada. Ela, entretanto, assegura que foi coagida pelo dentista a assinar um documento em branco autorizando o procedimento. Por óbvio, deve-se verificar claramente, no caso mencionado, a ligação entre o eventual prejuízo e a ausência de consentimento, anteriormente à responsabilização do dentista.

Sem efetivo prejuízo não restaria evidenciado o nexo de causalidade. E, como já visto, sem nexo causal não há que se falar em responsabilidade.

Muito além das questões jurídicas, a obediência ao dever de informação se perfaz como o verdadeiro alicerce da relação entre médico e paciente. Coulehan e Block (1989:34) definem "três habilidades importantes que intensificam a comunicação entre médico e paciente: respeito, sinceridade e empatia". Não há dúvida de que a informação bem cumprida traduz o referido tripé.

Consentimento informado e esclarecido

Entre os deveres dos profissionais de saúde, como já mencionado, está o de informar o paciente sobre o diagnóstico da sua doença e sobre as terapêuticas que lhe serão aplicadas.

Aguiar Dias (1987:304) há mais de duas décadas já ensinava: "para proceder a um tratamento arriscado ou a uma operação (seja qual for: a regra é que toda operação oferece perigo), deve o médico obter o consentimento do cliente, e não só o consentimento, mas a aquiescência livre e clara após exposição daqueles riscos".

Esse dever, contido no Código de Ética Médica em vigor desde 17 de março de 2010, está assim definido:

> Código de Ética Médica (anexo à Resolução nº 1.931/2009 do CFM)
>
> [...]
>
> Capítulo IV – Direitos Humanos
>
> É vedado ao médico:
>
> Art. 22. Deixar de obter consentimento do paciente ou de seu representante legal após esclarecê-lo sobre o procedimento a ser realizado, salvo em caso de risco iminente de morte. [...]
>
> Capítulo V – Relação com pacientes e familiares
>
> É vedado ao médico:
>
> Art. 31. Desrespeitar o direito do paciente ou de seu representante legal de decidir livremente sobre a execução de práticas

> diagnósticas ou terapêuticas, salvo em caso de iminente risco de morte. [...]
> Art. 34. Deixar de informar ao paciente o diagnóstico, o prognóstico, os riscos e os objetivos do tratamento, salvo quando a comunicação direta possa-lhe provocar dano, devendo, nesse caso, fazer a comunicação a seu representante legal.

A Constituição Federal de 5 de outubro estabeleceu como fundamento, no art. 1º, inciso III, "a dignidade da pessoa humana" e, em seu art. 5º, inciso XIV: "é assegurado a todos o acesso à informação e resguardado o sigilo de fonte quando necessário ao exercício profissional". Ainda no mesmo art. 5º, inciso XXXII, "O Estado promoverá, na forma da lei, a defesa do consumidor".

Assim, o Código de Defesa do Consumidor que se seguiu trouxe, em seu capítulo III:

> Art. 6º São direitos básicos do consumidor:
> [...]
> III – a informação adequada e clara sobre os diferentes produtos e serviços, com especificação correta de quantidade, características, composição, qualidade e preço, bem como sobre os riscos que apresentem;

O direito à informação adequada passou a integrar a prestação de serviços de saúde, já classificada como uma relação de consumo.

No mesmo sentido, o Código Civil de 2002 cristalizou esse entendimento em seu art. 15: "Ninguém pode ser constrangido a submeter-se, com risco de vida, a tratamento médico ou intervenção cirúrgica".

Portanto, a liberdade de atuação do médico ou do profissional de saúde vai encontrar limite na autonomia da vontade do paciente quando este assim puder exercê-la, estando no gozo de sua plena capacidade civil e depois de ter sido devidamente informado (Barros Júnior, 2007:82).

Entretanto, observando os princípios da beneficência e da não maleficência, deve o médico ou o profissional de saúde agir de pronto quando a situação ou o estado de saúde do paciente ameaçar sua integridade física ou houver possibilidade de dano irreparável ou risco de morte, ou, ainda, se o paciente não estiver no pleno gozo de sua capacidade ou inconsciente sendo, portanto, incapaz de entender claramente a situação e de manifestar sua vontade (Freire, 2007:46).

Além do cumprimento do dever de informar, pura e simplesmente, analisemos as outras contribuições que o consentimento informado pode trazer para a relação médico-paciente.

Para bem informar o paciente e assim obter seu consentimento (ou de seu representante legal), em primeiro lugar, o profissional que vai executar o procedimento precisa conhecê-lo minuciosamente, bem como seus riscos, graves ou não.

Em segundo lugar, esse mesmo profissional é obrigado a analisar alternativas terapêuticas e definir qual das opções existentes é a mais adequada para aquele paciente específico.

De posse de todas essas informações, terá que traduzi-las em termos leigos e inteligíveis ao paciente. Essa transmissão de informação e as explicações dadas aos questionamentos do paciente vão permitir que ele e o médico passem a se relacionar melhor, na medida em que a atenção dada a este terá que durar o tempo necessário para que entenda o que se passará com ele e decida se deseja ser submetido ou não àquele procedimento. Esse diálogo irá aumentar a confiança do paciente em seu médico sendo, talvez, a única saída para frear um pouco o aumento absurdo de ações judiciais, conforme demonstramos no "Anexo A", ao final deste livro.

Feitas essas considerações, vejamos como deve ser operacionalizada a obtenção do consentimento informado e esclarecido.

Ao elaborar o documento (para posterior assinatura do paciente ou de seu responsável legal), primeiramente identifique o paciente (nome, idade, endereço, identidade). Se for necessária a participação do responsável, identifique-o igualmente.

A seguir, em termos claros, concisos, no que for possível usando linguagem não técnica, descreva o diagnóstico, suas alternativas terapêuticas, a alternativa terapêutica que você escolheu e porque a escolheu (prognóstico). Esclareça que não há garantia de resultado. Esclareça os riscos desta conduta, as complicações possíveis por ordem de frequência, das mais comuns para as mais raras. Esclareça o que é esperado do paciente em colaboração para o bom resultado do procedimento (repouso, dieta etc.). Estime os custos (para o paciente) do tratamento e informe a ele sua estimativa.

Finalize o documento com a afirmação de que o paciente solicitou e obteve outros esclarecimentos (que você deverá ter dado), que compreendeu as explicações fornecidas e que, desta forma, consente em que se realize o procedimento informado. Acrescente que a qualquer momento, antes da realização do procedimento proposto, o paciente poderá optar, sem qualquer explicação, pela suspensão do mesmo, revogando este consentimento.

Para que o paciente exerça plenamente sua liberdade de escolha, o consentimento informado deve ser lido para ele bem antes do procedimento que será realizado. Nesse momento devem ser dadas todas as explicações solicitadas. Se possível, deixe o paciente levar o documento para casa, assinalando a data em que lhe foi entregue, e peça para que ele devolva o documento na consulta subsequente, quando trouxer os exames pré-operatórios, por exemplo.

Quando o paciente retornar, trazendo o documento e, por exemplo, os resultados dos exames, pergunte se ele ainda tem alguma dúvida sobre o procedimento e esclareça as dúvidas ainda existentes. Só então colha as assinaturas necessárias à validade do documento como prova de que foi cumprido o dever de informação. Deverão assinar paciente (ou seu responsável/representante legal), o profissional de saúde que efetuará o procedimento e duas testemunhas, em duas vias, sendo uma do paciente.

Ao final deste livro, o Anexo B traz uma sugestão de modelo para o consentimento informado e esclarecido. Acrescentamos que deve ser elaborado um texto para cada procedimento diferente e preenchidos os dados de cada paciente de acordo com as características do caso.

Assim, prezado leitor, neste capítulo trouxemos algumas considerações a serem levadas em conta para um início de restauração da boa relação entre médicos e pacientes, com seus desejados reflexos benignos sobre o cenário litigioso atual.

No próximo capítulo serão examinadas as formas de relações de trabalho mais utilizadas na área da saúde e suas consequências jurídicas.

4

Relações de trabalho na saúde

Neste último capítulo, caro leitor, veremos alguns dos aspectos mais relevantes na contratação de pessoal para a prestação de serviços de saúde e suas implicações jurídicas nas esferas trabalhista e cível.

As relações de trabalho na saúde devem obedecer a leis e normas trabalhistas como qualquer outro segmento do mercado.

No entanto, determinadas circunstâncias peculiares à prestação de serviços de saúde acarretam relações de trabalho que, muitas vezes, desconsideram essas leis e normas em benefício de situações de urgência nos atendimentos e originam problemas entre tomadores e prestadores de serviços, com possíveis desdobramentos jurídicos.

Contrato de trabalho

É a forma mais comum de vínculo entre empresas e profissionais e também aquela mais bem protegida pelo ordenamento jurídico, pois oferece garantias ao trabalhador que não existem em outras modalidades de prestação de serviços.

Conceitos

Martins (2002:94) diz que "contrato de trabalho é o negócio jurídico entre uma pessoa física (empregado) e uma pessoa física ou jurídica (empregador) sobre condições de trabalho".

Conforme o disposto no art. 442 da Consolidação das Leis do Trabalho (CLT), "contrato individual de trabalho é o acordo tácito ou expresso, correspondente à relação de emprego".

Essa relação de emprego é caracterizada pela subordinação do empregado ao empregador, o qual detém poderes de direção sobre aquele.

Dentro desse conceito, é essencial que essa relação se dê entre pessoa física (empregado) e pessoa física ou jurídica (empregador), de forma pessoal, não eventual e mediante subordinação jurídica e salário.

Note-se que o art. 2º, §1º, da CLT considera empregadores, por equiparação, os profissionais liberais, as instituições de beneficiência, as associações recreativas ou outras instituições sem fins lucrativos que admitirem trabalhadores como empregados.

A existência de subordinação jurídica é que irá distinguir o contrato de trabalho dos contratos que lhe são afins e, evidentemente, o trabalho subordinado do trabalho autônomo.

A CLT dirige-se à proteção do trabalho subordinado e não à do trabalho autônomo, que é regido pelo Código Civil de 2002.

Quanto ao estagiário, sua relação com a pessoa jurídica concedente (não pode ser prestado estágio a pessoa física) não configura relação de emprego, pois a finalidade do estágio é o aprimoramento profissional do estudante, porém deverão ser respeitados os requisitos previstos no art. 3º e seus incisos e no §2º da Lei do Estágio (11.788/2008):

> Art. 3º O estágio, tanto na hipótese do §1º do art. 2º desta Lei quanto na prevista no §2º do mesmo dispositivo, não cria

vínculo empregatício de qualquer natureza, observados os seguintes requisitos:

I – matrícula e frequência regular do educando em curso de educação superior, de educação profissional, de ensino médio, da educação especial e nos anos finais do ensino fundamental, na modalidade profissional da educação de jovens e adultos e atestados pela instituição de ensino;

II – celebração de termo de compromisso entre o educando, a parte concedente do estágio e a instituição de ensino;

III – compatibilidade entre as atividades desenvolvidas no estágio e aquelas previstas no termo de compromisso.

[...]

§2º O descumprimento de qualquer dos incisos deste artigo ou de qualquer obrigação contida no termo de compromisso caracteriza vínculo de emprego do educando com a parte concedente do estágio para todos os fins da legislação trabalhista e previdenciária.

Características

Martins (2002:107) enumera como características do contrato de trabalho:

- *bilateralidade* — figuram como partes apenas o empregador (contratante) e o empregado (contratado), não havendo intervenção de terceiros.
- *consensualidade* — é um acordo, pois ambas as partes têm a possibilidade de expressar sua vontade aos disporem sobre as cláusulas contratuais, observando o disposto no art. 444 da CLT, *in verbis:*

As relações contratuais de trabalho podem ser objeto de livre estipulação das partes interessadas em tudo que não contravenha às disposições de proteção ao trabalho, aos contratos coletivos que lhes sejam aplicáveis e às decisões das autoridades competentes.

Ou seja, empregador e empregado podem acordar quanto aos detalhes do contrato de trabalho, desde que o que for acordado não ofenda as leis e normas aplicáveis.

Por não haver exigência legal de solenidade na formação do contrato de trabalho, este pode assumir as formas tácita ou expressa, verbal ou escrita. Assim, ainda que não haja documento assinado, de acordo com a lição de Nascimento (2007:152-3), o contrato de trabalho pode ser considerado tácito quando alguém inicia a prestação de um serviço sem sofrer oposição daquele que usufrui do resultado. Inexistem palavras escritas ou verbais. É mais comum nas relações de subemprego.

- *onerosidade* — os serviços prestados pelo empregado devem ser pagos pelo empregador mediante salário;
- *comutatividade* — o salário deverá corresponder de forma justa à atividade prestada e ao benefício auferido pelo empregador, ou seja, deve haver equílibrio entre as prestações;
- *trato sucessivo* — prolonga-se no tempo, não se resolve instantaneamente. A prestação de serviços deverá ser contínua e habitual.

É importante esclarecer que o direito do trabalho consagrou o princípio da continuidade do contrato, o que significa dizer que, na regra, os contratos de trabalho são de duração indeterminada.

Classificação do contrato de trabalho quanto à sua duração

O contrato de trabalho pode ser por prazo determinado ou indeterminado. Como já mencionado, a regra é que os contratos de trabalho sejam por prazo indeterminado, visando a melhor tutelar os interesses do empregado. Assim, o contrato de trabalho por prazo determinado é exceção, e seu termo deve ser ajustado de forma expressa, preferencialmente por contrato escrito.

Contrato de trabalho por prazo indeterminado

A CLT, em seu art. 452, conceitua como contrato de trabalho por prazo indeterminado aquele que suceder, dentro de um período de seis meses, a um contrato por prazo determinado, exceto se a expiração deste houver se dado em razão da execução de serviços especializados ou da realização de certos acontecimentos.

O contrato por prazo indeterminado não é um contrato eterno, mas aquele que dura no tempo, podendo ser encerrado nas formas previstas em lei.

Contrato de trabalho por prazo determinado

No art. 443, §1º, encontra-se o conceito de contrato de trabalho por prazo determinado, qual seja "[...] o contrato de trabalho cuja vigência dependa de termo prefixado ou da execução de serviços especificados ou ainda da realização de certo acontecimento suscetível de previsão aproximada".

Só será válido nas hipóteses previstas no art. 443, §2º e alíneas, quais sejam: a) de serviço cuja natureza ou transitoriedade justifique a predeterminação do prazo; b) de atividades empresariais de caráter transitório; c) de contrato de experiência.

O prazo máximo de duração é de dois anos, conforme disposto no art. 445 da CLT, podendo ser prorrogado uma única vez, desde que o tempo decorrido entre o início do contrato e o término da prorrogação não exceda dois anos. É o que se depreende ao interpretar conjuntamente os arts. 445 e 451 da

CLT. Após o término do período de prorrogação, o contrato passa a vigorar sem determinação de prazo.

Contrato de experiência

Modalidade de contrato por prazo determinado, é autônomo em relação ao contrato de trabalho por prazo indeterminado.

Permite ao empregador a verificação da capacidade e adequação do contratado para as atribuições do cargo, antes de formar com ele vínculo permanente. De modo análogo, permite ao empregado avaliar sua adaptação à estrutura hierárquica dos empregadores e às condições de trabalho a que estará submetido.

Deve ser anotado na CTPS, e são assegurados ao empregado os direitos devidos pela dispensa antecipada e pela extinção do contrato a serem analisados posteriormente.

Pode ser prorrogado uma única vez, e o tempo decorrido entre a contratação e o término do prazo de prorrogação não poderá ser superior a 90 dias.

Contrato de trabalho temporário (Lei nº 9.601/1998)

Trata-se de uma modalidade de contrato por prazo determinado, que pode ser realizada em qualquer ramo de atividade, sem necessidade de ser esta transitória, desde que as admissões representem um acréscimo no número de empregados.

Essa modalidade de contrato de trabalho vem atender à demanda do mercado por emprego e às situações temporárias de empregados, decorrentes da globalização. Deve, entretanto, ser instituída por convenções ou acordos coletivos de trabalho, impossibilitando que haja acordo individual entre o empregado e a empresa. O contrato deve ser escrito, em razão da exigência do art. 4º, §2º, da referida lei, que estabelece:

O Ministério do Trabalho tornará disponíveis ao INSS e ao Agente Operador do FGTS as informações constantes da convenção ou acordo coletivo de que trata o art. 1º e do contrato de trabalho depositado, necessárias ao controle do recolhimento das contribuições mencionadas, respectivamente, nos incisos I e II do art. 2º desta Lei.

Remuneração

Remuneração é a contraprestação pelos serviços realizados pelo empregado, dando-se na forma de salário, quando pago pelo empregador, ou gorjeta, quando realizada por terceiros, de forma espontânea ou por cobrança adicional pela empresa para este fim.

Integram o salário as seguintes parcelas, conforme disposto no art. 457, §1º, da CLT: importância fixa estipulada, comissões, percentagens, gratificações ajustadas, diárias para viagens (desde que não excedam 50% do salário percebido pelo empregado), abonos pagos pelo empregador e gorjeta espontaneamente recebidas dos clientes ou cobradas a estes pelo estabelecimento para posterior distribuição aos empregados.

Ademais, compreendem-se no salário, para todos os efeitos legais, a alimentação e habitação, nos limites máximos de 20% e 25% sobre o salário contratual, respectivamente, além do vestuário e de outras prestações *in natura*, respeitando-se que o salário em dinheiro seja de, no mínimo, 30% do salário percebido pelo empregado.

Restam excluídas do salário as ajudas de custo — importâncias de caráter indenizatório e que reembolsam o empregado das despesas realizadas na execução do serviço —, bem como o rol do art. 458, §2º, da CLT, qual seja:

> I – vestuários, equipamentos e outros acessórios fornecidos aos empregados e utilizados no local de trabalho, para a prestação do serviço;

II – educação, em estabelecimento de ensino próprio ou de terceiros, compreendendo os valores relativos a matrícula, mensalidade, anuidade, livros e material didático;

III – transporte destinado ao deslocamento para o trabalho e retorno, em percurso servido ou não por transporte público;

IV – assistência médica, hospitalar e odontológica, prestada diretamente ou mediante seguro-saúde;

V – seguros de vida e de acidentes pessoais;

VI – previdência privada.

O salário deverá ser estipulado em período não superior a um mês, exceto no caso de percentagens e comissões — que devem ser pagas após ultimadas as transações a que se referem — e gratificações. Deve ser pago até o quinto dia útil do mês subsequente à prestação do serviço, se pago mensalmente, e em moeda do país, mediante expedição de recibo, mesmo que seja comprovante de depósito bancário.

Outro aspecto a ser analisado é a participação nos lucros. Essa prática, cada vez mais frequente nas instituições e empresas, pode ser conceituada, segundo Martins (2002:252), como "o pagamento feito pelo empregador ao empregado, em decorrência do contrato de trabalho, referente à distribuição do resultado positivo obtido pela empresa, o qual o obreiro ajudou a conseguir".

A Constituição Federal de 1988, em seu art. 7º, inciso XI, desvincula a participação nos lucros da remuneração. Portanto, mesmo quando recebida tal participação, o salário decorrente do contrato de trabalho deve ser pago integralmente, o que é reiterado no *caput* do art. 3º da Lei nº 10.101/2000, que disciplina a matéria. O referido artigo também dispõe que estes valores não configuram base de cálculo para qualquer encargo trabalhista.

Alterações no contrato de trabalho

Os contratos de trabalho regem-se pelo princípio da inalterabilidade — que veda ao empregador a alteração unilateral das cláusulas contratuais — expresso no art. 468 da CLT. Dessa forma, apenas se houver consenso entre empregador e empregado, bem como respeito à lei, serão válidas as alterações.

Porém, é lícito ao empregador realizar pequenas modificações que não alterem abruptamente o acordado no contrato, como, por exemplo, a transferência do local de trabalho que não obrigue o empregado a mudar de residência (art. 469 da CLT). Por sua vez, não constitui alteração unilateral o retorno do empregado ao cargo anteriormente ocupado quando este exercer cargo de confiança.

Quando a transferência do local de trabalho implicar, necessariamente, a mudança de domicílio do empregado, ela só poderá ocorrer com seu consentimento, exceto se o empregado for ocupante de cargo de confiança ou seu contrato contiver condição implícita ou explícita de transferência em razão de real necessidade do serviço. Também é lícita a transferência do empregado sem anuência ou prova da real necessidade do serviço quando o estabelecimento for extinto.

O empregador deverá arcar, em qualquer hipótese, com os custos da transferência, bem como pagará, ao menos, 25% a mais do que o empregado recebia na antiga localidade.

Suspensão do contrato de trabalho

Suspensão do contrato de trabalho é a cessação total da produção de seus efeitos, quais sejam, a prestação de serviços pelo empregado e o pagamento de salários e encargos trabalhistas pelo empregador. Ocorre em algumas hipóteses, das quais destacamos, para fins de aplicação nas instituições de saúde, as seguintes:

- intervalos para repouso e alimentação que, conforme o art. 71, §2º, da CLT, não são computados na duração do trabalho e, portanto, não são remunerados;
- suspensão para qualificação profissional (art. 476-A da CLT): por um período de dois a cinco meses, o contrato poderá ficar suspenso para que o empregado participe de curso de capacitação. Essa modalidade de suspensão só poderá ocorrer uma vez a cada 16 meses. O empregador pode conceder ajuda monetária mensal, sem natureza salarial. Ocorrendo a dispensa do empregado neste período ou nos três meses subsequentes, este fará jus às parcelas indenizatórias, bem como a multa de, no mínimo, 100% da última remuneração mensal percebida pelo mesmo antes da suspensão;
- período para a efetivação do benefício, no caso de aposentadoria por invalidez (art. 475 da CLT).

Interrupção do contrato de trabalho

Na interrupção do contrato de trabalho mantém-se a produção de certos efeitos deste, como o pagamento de salários, contagem do tempo de serviço, depósito do FGTS etc., apesar da inexistência de prestação de serviços pelo empregado. Dá-se nas seguintes situações:

a) aborto não criminoso (art. 395 da CLT) — repouso remunerado por duas semanas;
b) acidente de trabalho e auxílio-doença (art. 476 da CLT) — o empregador arca com os custos dos primeiros 15 dias. Nos demais, o encargo será da Previdência Social, e pelo prazo de seis meses há contagem de tempo de serviço para férias e indenização;
c) aviso prévio (art. 488, *caput*, da CLT) — quando o empregado se ausenta por duas horas para procurar novo emprego;

d) faltas ao serviço (art. 473 da CLT), como segue:

- até dois dias consecutivos em caso de falecimento do cônjuge, ascendente, descendente, irmão ou pessoa que, declarada em sua CTPS, viva sob sua dependência econômica;
- até três dias consecutivos em virtude do casamento;
- por um dia em caso de nascimento de filho;
- por um dia, a cada 12 meses de trabalho, em caso de doação voluntária de sangue;
- por dois dias, consecutivos ou não, para alistamento eleitoral;
- no período de cumprimento do serviço militar obrigatório;
- nos dias de realização de provas de vestibular;
- pelo tempo necessário para comparecer em juízo, como parte ou testemunha;
- pelo tempo necessário ao representante sindical para participar de reunião oficial de organismo internacional do qual o Brasil seja membro;

e) férias;

f) greve, caso mantenha-se o pagamento de salário e a contagem do tempo de serviço;

g) repouso semanal remunerado;

h) licença-maternidade, por 120 dias;

i) licença paternidade, por cinco dias.

Extinção da relação contratual

Seguindo classificação de Delgado (2004:1115-28), a extinção do contrato de trabalho produz efeitos diferenciados em razão de serem a prazo determinado ou indeterminado. Porém, em ambas as hipóteses, contando o empregado com mais de um ano de serviço, ele terá direito à assistência do respectivo sindicato ou membro do Ministério Público.

Todas as parcelas deverão ser discriminadas quanto à natureza e ao valor, sob pena de serem consideradas não pagas, caso haja ajuizamento de ação trabalhista. Deverão ser pagas até o primeiro dia útil após o término do contrato ou até o 10º dia, contado da data da notificação da demissão, quando da ausência do aviso prévio, indenização ou dispensa de seu cumprimento, conforme prevê o art. 47, §6º, da CLT.

Extinção do contrato de trabalho por prazo determinado

Nos contratos por prazo determinado, a extinção pode se dar:

a) pelo término do prazo ajustado — os depósitos do FGTS realizados no período do contrato poderão ser levantados, sem acréscimo de multa de 40%, além de serem devidos o 13º salário e as férias proporcionais acrescidas de 1/3;
b) por dispensa antecipada pelo empregador, sem justa causa — são devidas as mesmas verbas, acrescidas da multa de 40% do FGTS sobre os depósitos realizados no período, e a indenização prevista no art. 479 da CLT, no valor de metade da remuneração a que o empregado teria direito até o término do contrato;
c) pelo pedido de demissão realizado pelo empregado antes do prazo ajustado — o empregado fará jus ao 13º salário proporcional e a férias, se contar com mais de 12 meses de contrato; não poderá sacar o depósito do FGTS. Não havendo justa causa para a ruptura, deverá pagar ao empregador a indenização prevista no art. 480 pelos prejuízos que a este causar, no limite máximo correspondente àquele devido ao empregado nas mesmas circunstâncias.

Constando do contrato cláusula assecuratória do direito recíproco de rescisão antes de expirado o termo ajustado, prevista no art. 481 da CLT, a extinção reger-se-á pelas regras de extinção dos contratos por prazo indeterminado, expostos adiante.

Extinção do contrato de trabalho por prazo indeterminado

São modalidades de extinção dos contratos de trabalho por prazo indeterminado:

a) dispensa arbitrária — ocorre quando não há justa causa. São devidos: o pagamento de aviso prévio de 30 dias, que se integram ao contrato para todos os fins, o qual poderá ser feito por indenização, quando cessará a prestação do serviço; 13º salário e férias proporcionais; liberação do FGTS acrescido da multa de 40%, bem como pagamento ao poder público de parcela de 10% sobre os valores depositados, a título de contribuição social; emissão de guias de comunicação de dispensa e seguro-desemprego;
b) dispensa por justa causa — o empregado não terá direito a qualquer verba rescisória. As hipóteses de justa causa estão previstas na CLT:

> Art. 482 Constituem justa causa para rescisão do contrato de trabalho pelo empregador:
> a) ato de improbidade;
> b) incontinência de conduta ou mau procedimento;
> c) negociação habitual por conta própria ou alheia sem permissão do empregador, e quando constituir ato de concorrência à empresa para a qual trabalha o empregado, ou for prejudicial ao serviço;
> d) condenação criminal do empregado, passada em julgado, caso não tenha havido suspensão da execução da pena;
> e) desídia no desempenho das respectivas funções;
> f) embriaguez habitual ou em serviço;

g) violação de segredo da empresa;

h) ato de indisciplina ou de insubordinação;

i) abandono de emprego;

j) ato lesivo da honra ou da boa fama praticado no serviço contra qualquer pessoa, ou ofensas físicas, nas mesmas condições, salvo em caso de legítima defesa, própria ou de outrem;

k) ato lesivo da honra ou da boa fama praticado no serviço ou ofensas físicas praticadas contra o empregador e superiores hierárquicos, salvo em caso de legítima defesa, própria ou de outrem;

l) prática constante de jogos de azar.

Parágrafo único – Constitui igualmente justa causa para dispensa de empregado a prática, devidamente comprovada em inquérito administrativo, de atos atentatórios contra a segurança nacional.

c) dispensa indireta — ocorre quando o empregado considera rescindido o contrato em razão de justa causa do empregador, cujas hipóteses estão previstas no art. 483 da CLT. Deverá ser feita mediante ajuizamento de ação na Justiça do Trabalho, após comunicação de suas razões ao empregador e afastamento imediato de suas funções. São atribuídos ao empregado os mesmos direitos devidos pela dispensa sem justa causa.

d) pedido de demissão — o empregado tem direito apenas ao 13º salário e férias proporcionais, estas se houver trabalhado por prazo igual ou superior a 12 meses. Deve cumprir aviso prévio de 30 dias, sob pena de ter descontado o salário correspondente ao prazo respectivo, conforme disposto no art. 487, §2º, da CLT. O empregador comumente libera o empregado do cumprimento do aviso prévio, para evitar dissabores no ambiente de trabalho;

e) culpa recíproca — quando empregado e empregador contribuírem para a extinção do contrato, o tribunal reduzirá pela metade a indenização que seria devida em caso de culpa exclusiva do empregador, conforme disposto no art. 484 da CLT;
f) extinção da empresa ou do estabelecimento — como regra geral são devidas as mesmas verbas do caso de dispensa arbitrária. Porém, havendo motivo de força maior para a extinção da empresa ou do estabelecimento, a multa do FGTS é reduzida para 20%;
g) morte do empregado ou empregador, sendo este último pessoa natural — no primeiro caso serão devidos aos herdeiros o 13º proporcional e férias (caso o contrato tenha durado mais de 12 meses), bem como serão liberados para saque os depósitos do FGTS. Falecendo o empregador, sem que haja continuidade da empresa, extingue-se o contrato de trabalho, sendo devidas todas as verbas rescisórias: aviso prévio, 13º salário proporcional, férias proporcionais acrescidas de 1/3 e liberação do FGTS com multa de 40%.

Aviso prévio

Outro aspecto da extinção dos contratos por prazo indeterminado a ser considerado é o aviso prévio, que tem o seguinte conceito, no ensinamento de Martins (2002:359): "aviso prévio é a comunicação que uma parte do contrato de trabalho deve fazer à outra de que pretende rescindir o referido pacto sem justa causa, de acordo com o prazo previsto em lei, sob pena de pagar uma indenização substitutiva".

Por se tratar de mero aviso, não pode sofrer oposição da parte contrária.

Cabe apenas nos contratos por prazo indeterminado, pois quando há termo prefixado as partes já estão cientes de quando será extinta a relação contratual e, por isso, podem tomar as medidas necessárias. Porém, havendo justa causa de alguma das partes, ou de ambas, a extinção será imediata, conforme previsto nos arts. 490 e 491 da CLT.

O art. 7º, inciso XXI, da Constituição Federal em vigor determina que o prazo para o aviso prévio deve ser "proporcional ao tempo de serviço, sendo no mínimo de trinta dias, nos termos da lei", independentemente da forma de pagamento dos salários. Integra o contrato para todos os cálculos e efeitos, sendo devidos todos os adicionais pagos com habitualidade, como os de insalubridade, periculosidade, horas extras etc.

É irrenunciável e tem o escopo de possibilitar ao empregado que busque nova ocupação, tratando-se de aviso prévio do empregador, sendo-lhe permitido ausentar-se do serviço por duas horas por dia, ou sete dias corridos. Pode ser cumprido com o empregado afastado de suas funções, o que não exime o pagamento que, nesta hipótese, configura indenização, e não salário.

Cooperativismo

Além do contrato de trabalho há outras formas legais de prestação de serviços, tais como as cooperativas e a terceirização de serviços. Trataremos agora do cooperativismo, cuja importância vem aumentando no segmento da saúde.

O cooperativismo é uma forma de prestação de serviço ou de organização para a produção de bens ou serviços na qual pessoas físicas (nas cooperativas de primeiro grau), reciprocamente, se obrigam a contribuir, com bens ou serviços, para o exercício de uma atividade econômica, de proveito comum e sem objetivo de lucro.

O cooperativismo admite também verticalização dos serviços, ou seja, a reunião de cooperativas de primeiro grau (pessoas jurídicas), em federações ou confederações, para ampliação dos serviços, sem que haja entre elas qualquer relação de subordinação ou hierarquia, mantendo cada qual sua individualidade e natureza jurídica própria.

Caracteriza-se o cooperativismo por uma série de princípios que lhe são peculiares, distinguindo as cooperativas das empresas meramente mercantis, como veremos a seguir.

Breve histórico sobre o surgimento das cooperativas de serviços de saúde

No Brasil, a formação do mercado de saúde privada ocorreu nos últimos 40 anos, praticamente não existindo qualquer fiscalização por parte do Estado direcionada à atividade de saúde suplementar até o advento da Lei nº 9.656/1998.

Até então, o que havia eram uns poucos sistemas de assistência à saúde voltados para os trabalhadores e originados por volta das décadas de 1920-30.

Esses sistemas, inicialmente voltados para a previdência social, eram um misto de aposentadoria, pensões, e já sinalizavam um início da transferência da responsabilidade da assistência à saúde do poder público para o particular (Gregori, 2007:29-30).

Na década de 1960, tais sistemas também já não se mostravam suficientes, e a partir de então houve forte engajamento da iniciativa privada para a prestação de serviços de saúde por meio de convênios médicos estabelecidos entre entidades empregadoras e serviços médicos.

Institucionaliza-se, assim, a intermediação dos serviços de saúde por empresas que organizam o acesso às práticas médicas, mediante uma contraprestação por parte do beneficiário.

No intuito de escapar à subordinação dos serviços médicos a grupos econômicos estranhos às atividades da área é que se tem registro da organização de cooperativas de trabalho para a prestação dos serviços médicos, sendo a primeira cooperativa a Unimed Santos, fundada em 1968.

Amparo legal: Lei das Cooperativas

No Brasil o sistema cooperativista é disciplinado pela Lei nº 5.764, de 16 de dezembro de 1971 (Lei das Cooperativas), que, entre outros aspectos, define as cooperativas como:

> Art. 4º As cooperativas são sociedades de pessoas, com forma e natureza jurídica próprias, de natureza civil, não sujeitas a falência, constituídas para prestar serviços aos associados, distinguindo-se das demais sociedades pelas seguintes características:
> I – adesão voluntária, com número ilimitado de associados, salvo impossibilidade técnica de prestação de serviços;
> II – variabilidade do capital social representado por quotas-partes;
> III – limitação do número de quotas-partes do capital para cada associado, facultado, porém, o estabelecimento de critérios de proporcionalidade, se assim for mais adequado para o cumprimento dos objetivos sociais;
> IV – incessibilidade das quotas-partes do capital a terceiros, estranhos à sociedade;
> V – singularidade de voto, podendo as cooperativas centrais, federações e confederações de cooperativas, com exceção das que exerçam atividade de crédito, optar pelo critério da proporcionalidade;
> VI – *quorum* para o funcionamento e deliberação da Assembleia Geral baseado no número de associados e não no capital;
> VII – retorno das sobras líquidas do exercício, proporcionalmente às operações realizadas pelo associado, salvo deliberação em contrário da Assembleia Geral;

VIII – indivisibilidade dos fundos de Reserva e de Assistência Técnica Educacional e Social;
IX – neutralidade política e indiscriminação religiosa, racial e social;
X – prestação de assistência aos associados, e, quando previsto nos estatutos, aos empregados da cooperativa;
XI – área de admissão de associados limitada às possibilidades de reunião, controle, operações e prestação de serviços.

O Código Civil brasileiro vigente (Lei nº 10.406/2002) cuidou de inserir as cooperativas entre as várias modalidades de sociedades por ele tratadas, estabelecendo:

Art. 1.094 São características da sociedade cooperativa:
I – variabilidade, ou dispensa do capital social;
II – concurso de sócios em número mínimo necessário a compor a administração da sociedade, sem limitação de número máximo;
III – limitação do valor da soma de quotas do capital social que cada sócio poderá tomar;
IV – intransferibilidade das quotas do capital a terceiros estranhos à sociedade, ainda que por herança;
V – *quorum*, para a assembleia geral funcionar e deliberar, fundado no número de sócios presentes à reunião, e não no capital social representado;
VI – direito de cada sócio a um só voto nas deliberações, tenha ou não capital a sociedade, e qualquer que seja o valor de sua participação;
VII – distribuição dos resultados, proporcionalmente ao valor das operações efetuadas pelo sócio com a sociedade, podendo ser atribuído juro fixo ao capital realizado;
VIII – indivisibilidade do fundo de reserva entre os sócios, ainda que em caso de dissolução da sociedade.

As sociedades cooperativas poderão adotar por objeto qualquer gênero de serviço, operação ou atividade, mas não se confundem com a empresa comum no que tange à relação estabelecida com seus associados.

Nos termos do art. 90 da Lei nº 5.764/1971, "qualquer que seja o tipo de cooperativa, não existe vínculo empregatício entre ela e seus associados".

No caso das cooperativas, existem sócios — e não empregados —, o que se confirma pelo texto do art. 442, parágrafo único, da CLT, inserido pela Lei nº 8.949, que estabelece: "Qualquer que seja o ramo de atividade da sociedade cooperativa, não existe vínculo empregatício entre ela e seus associados, nem entre estes e os tomadores de serviços daquela".

Havendo subordinação entre os cooperados e os chefes de determinada empresa, poderá ser declarada inexistente a cooperativa e devidos todos os encargos trabalhistas.

As cooperativas são sociedades constituídas com o objetivo de prestar serviços a seus associados, visando ao interesse comum e sem o objetivo de lucro. Entende-se como a ausência do objetivo de lucro, não que os resultados econômicos da sociedade não possam ser positivos ou rentáveis, mas que eles pertençam aos seus associados, na proporção dos negócios realizados com a cooperativa, ou, ainda, que devem ser destinados na forma decidida pela Assembleia Geral de Cooperados, realizada anualmente.[22]

As cooperativas não possuem número mínimo de cooperados, devendo observar, no entanto, o número mínimo necessário à gestão do negócio. Por lei, compõem os órgãos sociais da cooperativa:

- a Assembleia Geral (órgão supremo da sociedade);

---

[22] Vide art. 3º, inciso VII, da Lei nº 5.764/1971 (Lei das Cooperativas).

- a Diretoria ou Conselho de Administração, com renovação obrigatória de um terço dos seus membros a cada quatro anos ou período inferior, se assim dispuser o estatuto social da cooperativa;
- o Conselho Fiscal que, como a denominação indica, fiscaliza o cumprimento da lei e do estatuto, por parte da sociedade. Tem mandato de um ano e é composto por três conselheiros efetivos e três suplentes, sendo permitida a reeleição somente de um terço dos seus membros.

No caso de cooperativas organizadas para a prestação dos serviços médicos, elas são formadas por médicos cooperados, estes responsáveis pelo atendimento aos usuários em consultórios particulares próprios ou em hospitais, clínicas e laboratórios credenciados. Em geral operam em regime de pré-pagamento dos serviços por meio de cobrança de mensalidade aos seus usuários ou, eventualmente, de pagamento por custo operacional das despesas por atendimentos efetivamente realizados, acrescidas de taxa de administração no caso de pessoas jurídicas que contratam diretamente os serviços da cooperativa. Normalmente nas cooperativas médicas não há previsão para a livre escolha do profissional mediante posterior reembolso das despesas, eis que é da essência do cooperativismo prestigiar o trabalho do médico cooperado. O Sistema Cooperativo de Trabalho Médico Unimed tem uma notória expressividade nesse segmento (Duarte, 2008).

Entre os princípios inerentes às sociedades cooperativas está a possibilidade de o cooperado participar da gestão do negócio, podendo votar e ser votado, pela singularidade do voto, nas cooperativas singulares, independentemente do número de quotas-partes subscritas. Isso garante uma gestão democrática do negócio, pelo livre ingresso do cooperado na cooperativa (adesão voluntária), observada a possibilidade técnica de prestação de serviços pela cooperativa e vários outros aspectos, como retorno das sobras líquidas do exercício proporcionalmente às operações realizadas pelo cooperado.

Assim, a relação estabelecida entre os cooperados e as cooperativas às quais são associados repousa nos princípios societários próprios das cooperativas, sendo uma relação associativa com vistas ao bem comum e à repartição dos resultados entre os associados, não podendo ser confundida com a relação trabalhista regida pela CLT, na qual há requisitos de subordinação e habitualidade entre o empregador e o empregado.

Como já mencionado, na ocorrência de subordinação entre os cooperados e os chefes de determinada empresa, poderá ser declarada inexistente a cooperativa e serão devidos todos os encargos trabalhistas.

Em resumo, perante os seus empregados e, excepcionalmente, mesmo perante o cooperado que exercer função revestida dos preceitos caracterizadores da relação trabalhista, sujeita-se a cooperativa às mesmas regras da empresa comum, como empregadora, à luz do art. 91 da Lei nº 5.764/1971: "as cooperativas igualam-se às demais empresas em relação aos seus empregados para os fins da legislação trabalhista e previdenciária".

Terceirização

Terceirização é um neologismo cunhado a partir da palavra "terceiro", entendido como intermediário, interveniente que, na linguagem empresarial, ficou conhecido como uma técnica de administração na qual se interpõe um terceiro, geralmente uma empresa, na relação de trabalho típica (empregado *versus* empregador).

Ao longo dos tempos, as empresas foram percebendo que havia perda de tempo e gastos de energia com atividades não essenciais da empresa, também chamadas de atividades-meio.

Dessa forma, serviços como limpeza e conservação, segurança e afins passaram a ser oferecidos por empresas prestadoras de serviços, na forma de terceirização.

No segmento da saúde não foi diferente: muitas organizações de saúde adotaram a terceirização de mão de obra e de serviços como uma forma de melhor gerenciar os recursos humanos que não requeriam especialidade e treinamento técnico em saúde — as já mencionadas atividades-meio.

Como foi visto, caro leitor, no início deste capítulo, a relação de trabalho típica envolve dois polos: de um lado o empregado e, de outro, o empregador. A terceirização, como tendência econômica de reorganização da produção capitalista, implica uma alteração do modelo vigente de relação de emprego, quebrando essa bipolarização.

Entretanto, esta nova realidade de gestão que introduziu a terceirização de mão de obra nas empresas originou novas formas de relação de trabalho, acarretando inúmeras consequências jurídicas entre as empresas e esses trabalhadores terceirizados.

Do ponto de vista jurídico, a adoção de mão de obra terceirizada poderá implicar reconhecimento direto de vínculo empregatício entre esses trabalhadores e a tomadora dos serviços (na hipótese de fraude) ou responsabilidade subsidiária dessa última, quando inadimplente a prestadora de serviços.

Antes de prosseguirmos, prezado leitor, vejamos os conceitos jurídicos de solidariedade e subsidiariedade.

Segundo o parágrafo único do art. 264 do Código Civil brasileiro (CCB): "há solidariedade quando na mesma obrigação concorre mais de um credor, ou mais de um devedor, cada um com direito, ou obrigado à dívida toda".

Assim, a responsabilidade solidária se dá quando ocorre concurso de devedores, entre os quais todos têm a obrigação de satisfazer o débito, podendo o credor demandar em face de todos, ou de qualquer deles, ressalvando o direito de regresso em face dos demais, atendendo às peculiaridades da dívida (Cavalieri Filho, 2014:82-84).

Preleciona Diniz (2008:154) que as obrigações solidárias são pertinentes aos sujeitos da relação jurídica obrigacional, sendo características da obrigação solidária a pluralidade de sujeitos ativos ou passivos, a multiplicidade de vínculos e a unidade de prestação.

A obrigação solidária destaca-se porque cada titular, isoladamente, possui o direito ou responde pela totalidade da prestação, embora aos outros assista o direito de reversão, que consiste em cobrar aos demais as partes que lhes cabem.

Na solidariedade as responsabilidades situam-se no mesmo plano, igualando-se horizontalmente, não havendo benefício de ordem, ou seja, nenhum dos envolvidos é mais ou menos responsável que os demais — de modo que deva pagar antes ou depois dos outros —, nem tem mais ou menos direitos que os demais — que lhe permitam receber antes ou depois dos outros. Ou, dito de outra forma, um paga por todos ou um recebe por todos. Posteriormente faz-se, ou não, dependendo de circunstâncias, o acerto de valores entre os titulares da obrigação ou do direito (Barros, 2007:442).

Já a responsabilidade subsidiária é aquela que vem reforçar ou suplementar a responsabilidade principal. A corresponsabilidade dos interessados diferencia-se porque na subsidiariedade há uma estratificação vertical, que implica o chamamento sucessivo dos responsáveis; primeiro o principal, depois o subsidiário. É o chamado benefício de ordem. Por esta razão, o responsável subsidiário tem o direito de regresso contra o devedor principal para reaver integralmente o que solveu, porquanto o débito era somente do devedor principal. Dessa forma exige-se a inadimplência ou insolvência do devedor principal para efetivar a responsabilidade subsidiária.

Na responsabilidade subsidiária tem-se, também, o chamado concurso de devedores, porém, primeiro se devem esgotar as possibilidades de execução do devedor principal para, depois, exigir a obrigação do devedor subsidiário.

Já num cenário de terceirização de mão de obra no mercado de trabalho brasileiro, o Tribunal Superior do Trabalho (TST) buscou dar alguma disciplina ao problema, emitindo, em 1986, o Enunciado nº 256, que estabelece que: "Salvo os casos de trabalho temporário e de serviços de vigilância, previstos nas leis nºs 6.019/1974 e 7.102/1983, é ilegal a contratação de trabalhadores por empresa interposta, formando-se o vínculo empregatício diretamente com o tomador dos serviços".

Como se verifica, a orientação desse enunciado deixou claro que a empresa tomadora dos serviços teria que responder solidariamente pelos encargos previdenciários, pela remuneração e indenização do empregado durante o tempo em que ele havia permanecido prestando serviços para a tomadora do serviço. Pelo disposto no texto, o enunciado tornava lícito apenas o trabalho temporário e o de vigilância, invalidando todas as demais formas de contratação.

Além disso, esse enunciado causou grande polêmica jurídica, pois estaria contrariando parte considerável do Código Civil referente ao contrato de prestação de serviços e à empreitada, na qual a responsabilidade da obra é do denominado empreiteiro, não dos executores do serviço.

Em decorrência de toda essa polêmica o TST expediu o Enunciado nº 331, com a seguinte redação:

> I – A contratação de trabalhadores por empresa interposta é ilegal, formando-se o vínculo diretamente com o tomador dos serviços, salvo no caso de trabalho temporário (Lei nº 6.109, de 03.01.1974).
>
> II – A contratação irregular de trabalhador, através de empresa interposta, não gera vínculo de emprego com os órgãos da

administração pública direta, indireta ou fundacional (art. 37, II, da Constituição da República).

III – Não forma vínculo de emprego com o tomador a contratação de serviços de vigilância (Lei nº 7.102, de 20.06.1983), de conservação e limpeza, bem como a de serviços especializados ligados à atividade-meio do tomador, desde que inexistente a pessoalidade e a subordinação direta.

IV – O inadimplemento das obrigações trabalhistas, por parte do empregador, implica a responsabilidade subsidiária do tomador dos serviços, quanto àquelas obrigações, inclusive quanto aos órgãos da administração direta, das autarquias, das fundações públicas, das empresas públicas e das sociedades de economia mista, desde que hajam participado da relação processual e constem também do título executivo judicial (art. 71 da Lei nº 8.666, de 21.06.1993). (Alterado pela Res. 96/2000, *DJ* 18.09.2000).

Note-se que as terceirizações se operam tanto no âmbito das sociedades de direito público quanto nas sociedades de direito privado, sendo que a responsabilidade da empresa tomadora é subsidiária, exceto nos casos de terceirização ilícita, por meio de empresa interposta, quando a responsabilidade passa a ser solidária (Delgado, 2004:27).

Como se pode concluir do exposto, a tendência hodierna do direito do trabalho é a responsabilização subsidiária, tendo a responsabilidade solidária aplicação limitada e restrita.

Ainda no tema terceirização, vale ressaltar que o Projeto de Lei nº 4.330/2004, já aprovado pela Câmara e em análise pelo Senado Federal, trará várias mudanças na terceirização, inclusive no sentido de permitir a terceirização de atividades-fim, tanto na saúde como nas demais áreas.

Além das várias formas de prestação de serviço e suas consequências, como verificamos, há alguns aspectos nas relações de trabalho que afetam a responsabilidade do tomador de serviços.

Outros aspectos nas relações de trabalho

Nesse ponto analisaremos os aspectos trabalhistas na sucessão de empresas, na formação de grupos econômicos e na desconsideração da personalidade jurídica.

Sucessão de empresas

Essa questão é por demais tormentosa, tanto para a jurisprudência quanto para a doutrina, pois não existe posição definida sobre o tema, ficando ao livre-arbítrio e convicção do juízo que julgar a causa.

Os arts. 10 e 448 da CLT cuidam da sucessão entre empresas, traduzindo-se, em linhas gerais, que as modificações havidas nas sociedades não prejudicarão os direitos dos trabalhadores. No entanto, não estabelecem responsabilidades.

Assim, verifica-se na doutrina que há três entendimentos para os casos de sucessão:

- a responsabilidade é exclusiva da empresa sucessora, que assume todo o ativo e passivo da sucedida;
- a responsabilidade é solidária, podendo o reclamante ajuizar ação em face de uma ou de outra ou de todas as empresas envolvidas;
- responsabilidade da sucessora começa da data em que ocorreu a sucessão; pelo período anterior responde a sucedida.

Grupo econômico

Sempre que uma ou mais empresas, embora cada uma delas com personalidade jurídica própria, estiverem sob direção, controle ou administração de outra, constituindo grupo industrial, comercial ou de qualquer outra atividade econômica, serão, para os efeito da relação de emprego, solidariamente responsáveis à empresa principal e a cada uma das subordinadas.

Aqui, a própria CLT, no §2º do art. 2º, estabelece o tipo de responsabilidade, que será sempre solidária.

Desconsideração da personalidade jurídica

Visando à preservação dos direitos do trabalhador, sempre que houver fraude ou negativa de pagamento ao trabalhador pela empresa, haverá a desconsideração da pessoa jurídica da empresa, tendo o(s) sócio(s) responsabilidade solidária para com os pagamentos.

Com tal medida há segurança maior em relação à responsabilidade do devedor, não ficando o trabalhador ao livre-arbítrio e convicção do juiz.

No contexto do presente capítulo, registre-se o fato da inexistência de previsão, na Consolidação das Leis do Trabalho, da figura da responsabilidade subsidiária do tomador de serviços, pois os mecanismos de terceirização de mão de obra eram vedados de modo praticamente absoluto quando do advento daquele diploma legal. A repercussão jurídica decorrente da violação de tal vedação implicava o reconhecimento do próprio vínculo empregatício.

A mitigação desse postulado é resultado da modificação da dinâmica das relações econômicas e sociais, absorvida de algum modo pela jurisprudência ao longo de mais de meio século.

Enunciados do TST, como o já citado Enunciado nº 331, bem como as inúmeras decisões judiciais sobre o tema, têm admitido a interação do trabalho humano com a atividade produtiva da empresa, sem que isso implique necessariamente o estabelecimento de vínculo de emprego entre eles. Para tanto, é preciso que os serviços não estejam ligados à atividade-fim do empregador e que não exista pessoalidade e subordinação direta.

Nesse contexto, a responsabilidade subsidiária trabalhista representa, na verdade, o estabelecimento de um vínculo mínimo, ou melhor, de um traço de responsabilidade do tomador de serviços em relação ao trabalhador empregado da empresa prestadora de serviços, no caso, a efetiva empregadora.

Esperamos que a abordagem deste capítulo ajude você, prezado leitor, atual ou futuro gestor em saúde, a decidir adequadamente sobre a melhor forma de contratação de mão de obra, de acordo com cada situação em sua empresa, e a adotar as medidas necessárias de modo a minimizar as possibilidades de problemas jurídicos na esfera trabalhista.

Conclusão

Após essas nossas considerações sobre a importância do conhecimento dos aspectos jurídicos na gestão de saúde, esperamos que você, caro leitor, possa agora melhor avaliar esses componentes da gestão de organizações que, obrigatoriamente, exigirão de você e da instituição onde trabalhar um olhar mais atento no tocante à prevenção de conflitos e obediência às leis e normas vigentes em nosso país.

Como última observação, lembramos que o mundo jurídico está em constante movimento. Quase nada do que é hoje subsistirá à evolução dos costumes, e podemos quase garantir que o cenário daqui a 10 anos será totalmente diferente do atual.

Isso porque as decisões judiciais têm como fonte não apenas leis, que são escritas por representantes da sociedade, mas também os costumes, que refletem o senso comum da sociedade onde se inserem.

E as sociedades, incluindo a brasileira, estão em constante movimento de transformação, oriunda da globalização que vemos amalgamar conceitos, culturas e os próprios costumes, com uma velocidade sem precedentes proporcionada pelos meios de comunicação.

Assim, incentivamos que o leitor complemente seus conhecimentos com a constante busca da atualização nos novos aspectos jurídicos que hão de surgir.

Referências

AGUIAR DIAS, José de. *A responsabilidade civil*. 8. ed. Rio de Janeiro: Forense, 1987. v. 1.

ALMEIDA, Carlos Ferreira de. *Os direitos dos consumidores*. Coimbra: Livraria Almedina, 1982.

BARROS, Alice Monteiro de. *Curso de direito do trabalho*. 3. ed. São Paulo: LTr, 2007.

BARROS JÚNIOR, Edmilson de Almeida. *A responsabilidade civil do médico*: uma abordagem constitucional. São Paulo: Atlas, 2007.

BENJAMIN, Antônio Herman de Vasconcelos e. *Comentários ao Código de Proteção do Consumidor*. São Paulo: Saraiva, 1991.

BRASIL. *Decreto Lei nº 5.453* de 1º de maio de 1943. Rio de Janeiro: DOU de 9 ago. 1943. Aprova a Consolidação das Leis do Trabalho. (CLT).

_____. *Lei nº 5.764* de 16 de dezembro de 1971. Brasília, DF: DOU de 16 dez. 1971. Define a política nacional de cooperativismo, institui o regime jurídico das sociedades cooperativas, e dá outras providências. (Lei das Cooperativas.)

______. *Constituição da República Federativa do Brasil*. Brasília, DF: DOU de 5 out. 1988.

______. *Lei nº 8.078* de 11 de setembro de 1990. Brasília, DF: DOU de 12 set. 1990. Dispõe sobre a proteção do consumidor e dá outras providências. (Código de Defesa do Consumidor.)

______. *Lei nº 8.080* de 19 de setembro de 1990. Brasília, DF: DOU de 20 set. 1990. Dispõe sobre as condições para a promoção, proteção e recuperação da saúde, a organização e o funcionamento dos serviços correspondentes e dá outras providências.

______. *Lei nº 9.656* de 3 de junho de 1998. Brasília, DF: DOU de 4 jun. 1998. Dispõe sobre os planos e seguros privados de assistência à saúde.

______. *Lei nº 9.782* de 26 de janeiro de 1999. Brasília, DF: DOU de 27 jan. 1999. Define o Sistema Nacional de Vigilância Sanitária, cria a Agência Nacional de Vigilância Sanitária, e dá outras providências.

______. *Lei nº 9.961* de 28 de janeiro de 2000. Brasília, DF: DOU de 29 jan. 2000. Cria a Agência Nacional de Saúde Suplementar – ANS, e dá outras providências.

______. *Lei nº 10.406* de 10 de janeiro de 2002. Brasília, DF: DOU de 11 jan. 2002. Institui o Código Civil Brasileiro.

______. *Lei nº 10.741* de 1º de outubro de 2003. Brasília, DF: DOU de 3 out. 2003. Dispõe sobre o Estatuto do Idoso e dá outras providências.

______. *Lei nº 11.788* de 25 de setembro de 2008. Brasília, DF: DOU de 26 set. 2008. Dispõe sobre o estágio de estudantes e dá outras providências.

CAVALIERI FILHO, Sérgio. *Programa de responsabilidade civil*. 11. ed. rev. e ampl. São Paulo: Atlas, 2014.

COELHO, Fabio Ulhoa. *O empresário e os direitos do consumidor*. São Paulo: Saraiva, 1994.

CONSELHO FEDERAL DE MEDICINA. *Resolução nº 1.931* de 2009. Brasília, DF: DOU de 13 out. 2009. Aprova o novo Código de Ética Médica.

COULEHAN, John; BLOCK, Marian. *A entrevista médica*. Porto Alegre: Artes Médicas, 1989.

CURY, Ieda Tatiana. *Direito fundamental à saúde*. Evolução, normatização e efetividade. Rio de Janeiro: Lumen Juris, 2005.

DELGADO, Maurício Godinho. *Curso de direito do trabalho*. 3. ed. São Paulo: LTr, 2004.

DINIZ, Maria Helena. *Curso de direito civil*. Rio de Janeiro: Saraiva 2008. v. 2.

DUARTE, Cristina Maria Rabelais. *Unimed:* história e características da cooperativa de trabalho médico no Brasil. Disponível em: <www.scielosp.org>. Acesso em: 24 set. 2008.

FIGUEIREDO, Leonardo Vizeu. *Curso de direito de saúde suplementar*: manual jurídico de planos e seguros de saúde. São Paulo: MP, 2006.

FONSECA, João Bosco Leopoldino da. *Cláusulas abusivas nos contratos*. Rio de Janeiro: Forense, 1998.

FREIRE, Henrique. *A responsabilidade civil na área da saúde privada*. Rio de Janeiro: Espaço Jurídico, 2007.

GOMES, Luiz Flávio. *Decisão histórica do STF*: fim da prisão civil do depositário infiel. 2008. Disponível em: <www.lfg.com.br/public_html/article.php?story=20081211171054609>. Acesso em: 11 ago. 2009.

GREGORI, Maria Stella. *Planos de saúde*: a ótica da proteção do consumidor. São Paulo: Ed. Revista dos Tribunais, 2007. Série Biblioteca de Direito do Consumidor; v. 31.

GRINOVER, Ada Pellegrini; BENJAMIN, Antonio Herman de Vasconcellos e. Introdução. In: *Código Brasileiro de Defesa do Consumidor* (comentado pelos autores do anteprojeto). 9. ed. Rio de Janeiro: Forense Universitária, 2007. p. 1-13.

GUGLINSKI, Vitor Vilela. *O princípio da boa-fé como ponto de equilíbrio nas relações de consumo*. Disponível em: <http://jus2.uol.com.br/doutrina/texto.asp?id=4706>. Acesso em: 16 maio 2008.

IRION, João Eduardo. *Contribuição sobre a regulamentação dos seguros e planos de assistência à saúde*. São Paulo: Unimed Seguradora, 1999.

LYRA, Afrânio. *Responsabilidade civil*. São Paulo: Livraria Jurídica Vellenich, 2000.

MARTINS, Plínio Lacerda. Honorários advocatícios extrajudiciais — Cláusula abusiva — Código de Defesa do Consumidor. *Doutrina Adcoas*, ano III, dez. 2000. Doutrina nº 12.

______. *Cobrança extrajudicial de honorários advocatícios: cláusula abusiva. Código do Consumidor.* Disponível em: <http://jus2.uol.com.br/doutrina/texto.asp?id=788>. Acesso em: 8 out. 2009.

MARTINS, Sérgio Pinto. *Direito do trabalho*. 16. ed. São Paulo: Atlas, 2002.

MARTINS, Wal. *Direito à saúde:* compêndio. Belo Horizonte: Fórum, 2008.

NASCIMENTO, Amauri Mascaro. Iniciação ao direito do trabalho. 33. ed. São Paulo: LTr, 2007.

NUNES, Luiz Antonio Rizzatto. *Comentários ao Código de Defesa do Consumidor*. São Paulo: Saraiva. 2000.

PANASCO, Wanderley Lacerda. *A responsabilidade civil, penal e ética dos médicos*. 2. ed. Rio de Janeiro: Forense, 1984.

PEREIRA, Caio Mário da Silva. *Responsabilidade civil*. 9. ed. Rio de Janeiro: Forense, 2001.

SCHIER, Flora Margarida Clock. *A boa-fé como pressuposto fundamental do dever de informar*. Curitiba: Juruá, 2006.

SERPA LOPES, Miguel Maria de. *Curso de direito civil*. 8. ed. Rio de Janeiro: Freitas Bastos, 1996. v. 2.

SILVEIRA, Karina Rocha Mendes. *Tudo que você precisa saber sobre planos de saúde*. São Paulo: Saraiva, 2009.

TEIXEIRA, Sálvio de Figueiredo et al. *Direito e medicina*: aspectos jurídicos da medicina. Belo Horizonte: Del Rey, 2000.

VARELA, João de Matos Antunes. Direito das obrigações. 2. ed. Rio de Janeiro: Forense, 1997.

VAZ, Rodrigues João. *O consentimento informado para o acto médico no ordenamento jurídico português* — elementos para o estudo da manifestação de vontade do paciente. Coimbra: Coimbra, 2001.

Anexo A
Transcrição de notícia especial na página do Superior Tribunal de Justiça (STJ) na internet

Superior Tribunal de Justiça — O Tribunal da Cidadania
http://www.stj.gov.br/portal_stj/publicacao/engine.wsp?tmp.area=398&tmp.texto=89920
(acesso em 12 nov. 2008, às 17h10)
9/11/2008 - 10h02
ESPECIAL

Processos por erro médico no STJ aumentaram 200% em seis anos

Nem todo mau resultado é sinônimo de erro, mas essa é uma dúvida que assombra médico e paciente quando algo não esperado acontece no tratamento ou em procedimentos cirúrgicos. O erro médico pode envolver o simples diagnóstico errôneo de uma doença, como já decidiu o Superior Tribunal de Justiça (STJ). Nos últimos seis anos, a quantidade de processos envolvendo erro médico que chegaram à Corte aumentou 200%. Em 2002, foram 120 processos. Neste ano, até o final do mês de outubro, já eram

360 novos processos autuados por esse motivo, a maioria recursos questionando a responsabilidade civil do profissional.

O STJ tem assegurado a pacientes lesados por erros médicos três tipos de indenizações. Os danos materiais referem-se ao que o paciente gastou no tratamento ineficiente e ao que eventualmente deixou de ganhar por conta do erro médico (dias de trabalho perdidos, por exemplo). Assegura-se, também, o direito de receber os danos morais, valor para compensar a dor moral a que foi submetido (como ocorre com a supressão indevida de um órgão). Por fim, o paciente pode receber por danos estéticos, isto é, o prejuízo causado à sua aparência, como nas hipóteses em que o erro causou cicatrizes e outras deformidades. As indenizações são cumuláveis.

Relação de consumo

Superar um tratamento médico malsucedido pode levar muito tempo. Não raro, as cicatrizes permanecem no corpo por toda a vida, insistindo numa lembrança indesejável. Mas, ainda que traumatizado pelo episódio, o paciente deve considerar que há prazos legais para se buscar a reparação na Justiça.

O STJ entende que deve ser aplicado o Código de Defesa do Consumidor (CDC) aos serviços prestados por profissionais liberais, inclusive médicos. Nestes casos, prescreve em cinco anos a pretensão à reparação, contados do conhecimento do dano ou de sua autoria. No entanto, a presidente da Segunda Seção, ministra Nancy Andrighi, ressalta que há uma peculiaridade. "A responsabilidade do médico, ao contrário do que ocorre no restante das leis consumeristas, continua sendo subjetiva, ou seja, depende da prova da culpa do médico", explica a ministra.

Em um julgamento ocorrido em 2005 na Terceira Turma, os ministros aplicaram esse entendimento e não atenderam o pedido de um cirurgião plástico de São Paulo para que fosse considerado prescrito o direito de ação de uma paciente. Ele alegava que já teriam transcorrido os três anos estabelecidos pelo Código Civil para a reparação do dano. A paciente, que ficou com deformidades físicas após cirurgias plásticas, conseguiu que o médico custeasse todo o tratamento para restabelecimento do seu quadro clínico, além de reparação por dano moral e estético.

Ainda sob a ótica da lei de defesa do consumidor, naquelas hipóteses em que o Poder Judiciário identifica a hipossuficiência do paciente, isto é, a dependência econômica ou de informações, pode haver inversão do ônus da prova. Isto é, o juiz pode determinar que cabe ao médico fazer prova da regularidade de sua conduta. De acordo com a ministra Nancy Andrighi, a aplicação do CDC facilita muito a defesa dos direitos do consumidor. "Com ele, o juiz dispõe de meios mais eficazes para detectar práticas comerciais e cláusulas contratuais abusivas. Isso certamente é um avanço em relação à legislação comum", analisa a ministra.

Revisão de valores

Atualmente, estão em análise no STJ 444 processos sobre essa matéria. Boa parte dos recursos que chega ao Tribunal contesta os valores das indenizações por erro médico arbitrados em instâncias ordinárias, ou seja, a Justiça estadual ou federal. Mas ser admitido para julgamento no STJ não é sinal de causa ganha: a orientação consolidada na Corte é de somente revisar o valor quando for exorbitante ou insignificante. A quantia deve ser razoável e proporcional ao dano.

Ao julgar cada caso, os ministros analisam o fato descrito nos autos, sem reexaminar provas. Com base nas circunstâncias concretas, nas condições econômicas das partes e na finalidade da reparação, decidem se o valor da indenização merece reparos. E, por vezes, uma indenização por dano moral devida por erro médico pode ser maior do que aquela obtida por parentes pela morte de um familiar.

Foi o que ocorreu na análise de um recurso do Rio de Janeiro em que a União tentava a redução do valor de uma indenização de R$ 360 mil por danos morais. A vítima era uma paciente que ficou tetraplégica, em estado vegetativo, em decorrência do procedimento de anestesia para uma cirurgia a que seria submetida em 1998.

A relatora do recurso, ministra Denise Arruda, da Primeira Turma, afirmou que não se tratava de quantia exorbitante. Ela entende que não foi possível estabelecer, neste caso, um paralelo com qualquer indenização devida em caso de morte da vítima. "O sofrimento e a angústia vividos diariamente pela agravada [paciente] e a irreversibilidade das sequelas sofridas potencializam, no tempo, o dano moral", explicou a ministra.

Corresponsabilidade

Além do médico responsável pelo procedimento, a clínica ou hospital em que se deu o atendimento também estão sujeitos à responsabilização pelo erro médico. O STJ já decidiu, inclusive, que a operadora de plano de saúde pode responder, solidariamente, por eventual erro do médico que indicou ao segurado. Mas cada caso traz peculiaridades que podem levar a um desfecho judicial diferente.

Em setembro passado, a Segunda Seção concluiu o julgamento de um recurso em que um hospital de Santa Catarina contestava a condenação solidária por erro médico. A Justiça estadual havia condenado o hospital e o médico ao pagamento de danos morais, materiais e pensão vitalícia à vítima, paciente que se submeteu a uma cirurgia de varizes.

Os ministros entenderam que a entidade não poderia ser responsabilizada solidariamente por erro médico, pois o cirurgião não prestou quaisquer serviços no interesse do hospital ou sob as suas ordens. De acordo com o relator para o acórdão, ministro João

Otávio de Noronha, o fato de receber remuneração pela locação de espaço físico não torna o hospital solidariamente responsável por danos causados por imperícia médica.

Entretanto, circunstâncias diferentes podem levar a uma conclusão oposta. Há casos em que o hospital responde como fornecedor do serviço médico-hospitalar prestado do qual decorreu o dano. Em 2002, a Quarta Turma do STJ manteve decisão da Justiça do Rio de Janeiro que condenou uma instituição médica a responder solidariamente pela falta de informação por parte de seu médico sobre os riscos que envolviam uma cirurgia.

A paciente acabou perdendo completamente a visão e ingressou com pedido de indenização por danos materiais, físicos e morais contra o hospital e o médico. Um ano antes, a mesma Quarta Turma já havia decidido que o médico-chefe pode vir a responder por fato danoso causado ao paciente pelo terceiro que esteja diretamente sob suas ordens.

Pós-operatório

A responsabilidade do médico pelo estado de saúde do paciente não se encerra no atendimento em si. Recentemente, a Quarta Turma confirmou o pagamento de indenização de R$ 300 mil a uma paciente que perdeu o útero, trompas e ovários devido a complicações ocorridas após uma tentativa de fertilização *in vitro*, realizada em 2001.

Baseados na análise dos fatos feita pelo Tribunal de Justiça do Rio de Janeiro (TJRJ), os ministros consideraram negligente o atendimento pós-operatório que acarretou dano à paciente, sendo, por isso, passível de responsabilização civil. O relator do recurso foi o ministro João Otávio de Noronha.

Em processo analisado pelo Conselho Regional de Medicina fluminense, o médico não foi responsabilizado pela ovário-histerectomia. A paciente ingressou na Justiça contra a clínica e o médico que realizou o procedimento. Disse que o procurou para atendimento com queixa de dor e febre, mas, após exame, foi encaminhada por ele a outros profissionais. Passado cerca de um mês, foi constatado por outro médico um abscesso no tubo ovariano, o que exigiu a intervenção radical.

Condenados em primeira instância, médico e clínica apelaram, mas o TJRJ descartou a realização de uma nova perícia e manteve a condenação solidária. No STJ, o julgamento definiu que o médico deveria responder pelo dano causado, porque não agiu com a cautela necessária. A negligência está na falta de assistência pós-cirúrgica à paciente, que teve o estado de saúde agravado, alegando que a piora não decorreu do ato cirúrgico que realizou, mas de outras causas, encaminhando-a a profissionais diversos. Ainda cabe recurso desta decisão.

Coordenadoria de Editoria e Imprensa

Esta página foi acessada: 5043 vezes

Anexo B
Como fazer um consentimento informado

Consentimento informado para ______________________
(nome do procedimento)
Eu, ____, idade
_______, sexo __________, identidade nº ________________
___ expedida por______________ (órgão expedidor), residente
na ____,
abaixo assinado (ou sob a responsabilidade de __________
__________________ (nome), seu pai/mãe/parente, abaixo identificado), declaro ter lido ou ouvido o presente termo de consentimento informado que me foi extensamente explicado por meu (minha) médico(a), Dr.(a.) __________________, e estou ciente do seguinte:

- ❑ serei submetido ao procedimento __________________ ________ pela técnica de __________________, para tratamento da ______________, com benefícios comprovados pela literatura médica;
- ❑ o procedimento ______________________ (nome do procedimento) apresenta, de uma maneira geral, benefícios

satisfatórios de até ______% (indicar percentual) dos casos, mas não existe garantia total de resultado;

- ❑ poderá ocorrer grande melhora em problemas que tenho associados à minha doença, como____________________ ____________________ (indicar problemas específicos do paciente);
- ❑ a técnica __________________, que será utilizada, me foi explicada com detalhes pelo(a) Dr.(a.) ______________ ______, que também me informou outras alternativas para o tratamento da __________________ (indicar doença que será tratada);
- ❑ é necessária a minha cooperação com o tratamento, fazendo alterações no meu hábito de vida, tais como_____________ _____ (indicar hábitos que o paciente precisa mudar para o sucesso do tratamento);
- ❑ o procedimento ___________________ pode acarretar riscos que me foram explicados e que compreendi, tais como ___________, ___________, e até mesmo óbito (indicar riscos possíveis);
- ❑ a incidência de complicações na literatura médica varia em torno de ___% e a mortalidade, entre ___ e ___% (indicar percentuais);
- ❑ riscos não esperados podem ocorrer, tais como __________ ____(indicar outros riscos);
- ❑ o custo total do tratamento está estimado em R$ _________ (indicar o valor estimado a ser gasto pelo paciente).

Compreendo o que foi exposto acima e realmente desejo ser submetido a esse tratamento.
Desejo realizar meu procedimento__________________ no ________________ (nome do hospital/clínica).

Data: ___/___/___ Assinatura do paciente: _______________

Nome do representante legal, com indicação de grau de parentesco (quando for o caso): ______________________________
Identidade nº ______________________________
Assinatura: ______________________
Assinatura do profissional de saúde: ____________________

1ª testemunha:
Nome: ____
Identidade nº ______________________________
Assinatura: ______________________

2ª testemunha:
Nome: ____
Identidade nº ______________________________
Assinatura: ______________________

Os autores

Aline Caraciki Morucci Machado

Post doctoral fellow em medicina transfusional pela Universidade do Texas. Mestre em gestão dos serviços de saúde pelo Instituto Universitário de Lisboa (ISCTE). Pós-graduada em medicina do trabalho pela Pontifícia Universidade Católica do Rio de Janeiro (PUC-Rio). Pós-graduada em advocacia pública pela Procuradoria do Estado do Rio de Janeiro/Fundação Getulio Vargas. Pós-graduada em responsabilidade civil pela Escola da Magistratura do Rio de Janeiro. MBA em gerência de saúde pela Fundação Getulio Vargas. Especialista em hematologia e hemoterapia. Graduada em medicina pela Faculdade de Medicina da Universidade Federal do Rio de Janeiro (UFRJ). Graduada em direito pela Faculdade de Direito da Universidade Federal Fluminense (UFF). Membro da Associação Médica Brasileira e da Ordem dos Advogados do Brasil Professora convidada do FGV Management.

Elizabeth Teixeira Martins

Especialista em direito civil pela Universidade Estácio de Sá e bacharel em direito pela Universidade Federal do Rio de Janeiro. Advogada especializada em regulação na área de saúde, contratos e direito do consumidor. Palestrante em diversos eventos relacionados à regulamentação em saúde, responsabilidade médica, direito do consumidor e cooperativismo. Coautora da Coletânea Legislativa sobre Planos Privados de Assistência à Saúde. Professora convidada no FGV Management.

Marcos Cesar de Souza Lima

Mestre em direito e especialista em direito civil e processo civil pela Universidade Gama Filho. Professor da Escola de Magistratura do Estado do Rio de Janeiro, da Fundação Escola do Ministério Público do Estado Rio de Janeiro, dos cursos de pós-graduação em direito da Pontifícia Universidade Católica do Estado do Rio de Janeiro. Ex-professor da Universidade Federal do Rio de Janeiro — Faculdade Nacional de Direito. Coordenador acadêmico do Instituto de Pesquisa em Ciências Políticas e Jurídicas. Professor convidado no FGV Management.

Nayra Assad Pinto

Especialista em direito do consumidor pela Escola da Magistratura do Estado do Rio de Janeiro. Graduada em direito pela Universidade Estácio de Sá. Membro acadêmico do Instituto Brasileiro de Política e Direito do Consumidor (Brasilcon). Palestrante e consultora de empresas nas áreas de direito do consumidor, responsabilidade civil e direito empresarial. Professora convidada no FGV Management.

Este livro foi impresso nas oficinas gráficas da Editora Vozes Ltda.,
Rua Frei Luís, 100 – Petrópolis, RJ.